Claus Hipp

ACHTUNG ANSTAND!

Claus Hipp

ACHTUNG! ANSTAND

Vom Wert eines respektvollen Miteinanders

INHALT

WARUM ICH DIESES BUCH GESCHRIEBEN HABE

Hohe Beamte werden von ihren Ministern und Minister von ihren Regierungschefs öffentlich abgekanzelt. Manager müssen sich von Aktionären oder Mitarbeitern ausbuhen lassen. Konflikte in Unternehmen werden über die Presse ausgetragen, hoffnungsvolle „Talente" auf Privatsendern der Lächerlichkeit preisgegeben.

Prominente aus Politik, Wirtschaft und Gesellschaft pflegen immer öfter ein Benehmen, bei dem Ton und Inhalt alle Regeln eines respektvollen Miteinanders über den Haufen werfen. Dabei ist die Art, wie wir miteinander umgehen, auch ein Spiegel der Gesellschaft. Und exponierte Persönlichkeiten sind immer noch Vorbilder für viele Menschen. Wer ständig deren schlechtes Benehmen im Fernsehen sieht, wird es über kurz oder lang nachahmen.

Der Preis mangelnden Anstands ist hoch: Politiker, die keinerlei Respekt gegenüber politischen Gegnern und Rivalen kennen, werden Rache ernten. Unternehmer und Mitarbeiter, die sich gegenseitig das Leben schwer machen, führen ihre Firmen früher oder später ins wirtschaftliche Abseits. Manager, die nur auf den Profit schielen, werden am Ende über ihre Bilanzen stürzen. Der gute Umgang miteinander ist kein Selbstzweck. Er ist Ausdruck, vor allem aber Voraussetzung einer guten Gesellschaft.

Zu den ältesten Motiven der Klage, dass es mit den Sitten bergab gehe, gehört die Feststellung, dass dies vor allem dem schlechten Benehmen und dem mangelnden Respekt der Jugend geschuldet sei. Hier mache ich zum Glück völlig andere Erfahrungen. Die meisten Studentinnen und Studenten, auf die ich in Ingolstadt, München oder im georgischen Tiflis treffe, sind nicht nur ausgesprochen höflich. Sie zeigen sich überdies brennend interessiert an

Fragen von Anstand, guten Umgangsformen und Stil. Sie haben mich so lange gelöchert, bis ich schließlich eine Unterrichtseinheit zum Thema entwickelt habe. Nicht zuletzt meinen Studenten widme ich daher dieses Buch.

Mein Dank geht an Susanne Conrad, Gabriela von Habsburg, Prof. Dr. Guido Knopp, Michael Opoczynski, S. E. Kardinal Dr. Christoph Schönborn und Martin Wehrle. In den Interviews in diesem Buch haben sie meine Sicht auf die Themen Werte, Anstand, Respekt und Benimm vertieft sowie um ihre eigene Perspektive erweitert.

Mein Buch ist keine klassische Benimmfibel. Tipps zu Tisch- oder Kleiderordnung werden Sie weitgehend vergeblich suchen. Regeln sind schon wichtig, zumindest als Orientierungsmarken. Vor allem bin ich jedoch überzeugt, dass es die richtige innere Haltung ist, die automatisch zum „richtigen“, nämlich der Situation angemessenen Verhalten führt. Deshalb erhebt *Achtung Anstand!* auch keinen moralischen Zeigefinger. Manches, was ich an mangelndem Respekt, an schlechtem Benehmen und fragwürdigem Stil erlebe, ärgert mich. Manches macht mich ratlos. Und manchem kann ich nur mit Ironie begegnen. Eines jedoch haben alle Fehltritte gemeinsam: Sie werden zumeist von Leuten begangen, die vielleicht eine Stellung, aber keine Haltung haben. Und das heißt: von Leuten, die viel Ego, aber wenig Selbstvertrauen besitzen. Wer dagegen mit sich selbst im Reinen ist, der wird auch seinen Mitmenschen mit Achtung und Anstand begegnen.

Herzlichst, Ihr

„GRÜSS GOTT, HERR HIPP“

Das erste Wort kann schon entscheiden

Liebe Leserin, lieber Leser!
Wie wirkt diese direkte Ansprache auf Sie? Fühlen Sie sich düpiert, weil ich Ihnen persönlich damit zu nahe trete? Oder sagen Sie sich: Wie angenehm! Schließlich sitze ich als Leser dieses Buches mit dem Autor, sprich: Herrn Hipp, in einem Boot.

Wie hätten Sie reagiert, wenn ich mich dafür entschieden hätte, Sie zu duzen? Sie zucken mit den Achseln, weil das „Du" im öffentlichen Leben allgegenwärtig ist? Es aus sozialen Netzwerken wie Facebook und Co. nicht mehr wegzudenken ist? Tatsächlich habe ich bisweilen den Eindruck, dass die Auffassung, ein „Du" verbürge Nähe zwischen Menschen, vielen gestrig erscheint. Wer regt sich noch darüber auf, wenn die offizielle E-Mail eines großen Internetversenders eingangs so vertraulich tut, als seien wir seit Jahren dicke Freunde? Längst haben wir uns daran gewöhnt, von einem schwedischen Möbelhaus beharrlich geduzt zu werden. Und auch jene Bücher und Ratgeber, die sich an eine jüngere Zielgruppe wenden, gebrauchen bei der direkten Leser-Ansprache unisono das intime „Du", statt ein förmliches „Sie" zu verwenden.

Erica Pappritz (1893–1972) hätte sich über ein „Du", das unter einander fremden Erwachsenen Verwendung findet, jedenfalls noch lauthals empört. Kein Wunder, schließlich war sie bis 1958 im Auswärtigen Amt als stellvertretende Protokollchefin tätig. In dieser Funktion hat sie die Bonner Politiker und Diplomaten für das gesellschaftliche Parkett fit gemacht. Mehr noch: Mit ihrem 1956 erschienenen *Buch der Etikette* avancierte sie zur Sittenwächterin der frühen Bundesrepublik. Das Lebenshilfebuch, das die Anstandsdame unseres ersten Kanzlers Konrad Adenauer gemeinsam mit Karlheinz Graudenz verfasst hatte, war in den Fünfziger- und Sechzigerjahren nicht nur ein riesiger

Verkaufsschlager. Bis weit in die Siebziger hinein galt es als das Standardwerk in allen Fragen guten Benehmens.

Wir sehen: Ob wir uns für das Personalpronomen „Sie" oder für das „Du" entscheiden, hängt von den Zeitläufen und letztlich auch davon ab, wo wir leben. In der Bonner Republik Adenauers, in den Jahren um 1968, als im Gefolge der Studentenbewegung die Du-Explosion ihren Anfang nahm, in den Achtzigern oder heute. Im angelsächsischen Raum dagegen wären wir der Wahl gänzlich enthoben, weil uns die Sprache dort ausschließlich das Personalpronomen „you" zur Verfügung stellt.

In der Bundesrepublik Deutschland jedenfalls galten bis in die Siebzigerjahre hinein die Regeln, die Erica Pappritz den Nachkriegsdeutschen gelehrt hatte: Geduzt wurde in der Familie, zwischen Verwandten, Freunden und unter Jugendlichen; Erwachsene duzten Kinder. Darüber hinaus war das „Du" Gruppen vorbehalten, die Gemeinsamkeiten verbindet – wie etwa Vereine und Interessenverbände oder andere Zusammenschlüsse von Gleichgesinnten. Da Duzen Gleichheit suggeriert, galt früher in der Arbeiterbewegung das Solidaritäts-Du, das die Sozialdemokraten und die Gewerkschaften übernommen haben. Eindeutige Regelungen existierten bis in die Siebzigerjahre auch dafür, wer wem unter welchen Umständen das „Du" anbieten darf: die Dame dem Herrn, der Ältere dem Jüngeren, der Hochrangige dem Nachrangigen. Alles andere war unschicklich, um nicht zu sagen: tabu.

Auch wenn sich in den Achtzigerjahren kurzfristig eine Gegentendenz bemerkbar machte, zur Förmlichkeit der Epoche vor 1968 kehrten die Deutschen nie wieder zurück. Mit der damaligen Studentenbewegung wurde nämlich das sogenannte „proletarische Du" populär. Vor allem in akademischen und studentischen Kreisen sollte es einen

Gesinnungswandel markieren und soziale Grenzen niederreißen. Verstärkt hat sich der Trend zum „Du" seit den Neunzigerjahren durch die Internationalisierung in Wirtschaft und Gesellschaft sowie durch die Kommunikation via Internet. Wer täglich auf Englisch mit Menschen rund um den Globus kommuniziert, empfindet das „Du" für jedermann schnell als normal.

Heute scheint es in der Frage, ob „Sie" oder „Du", kein richtig oder falsch mehr zu geben. Es herrscht quasi Tohuwabohu. Oberstufenschüler, die früher ab der 11. Klasse zu siezen waren, werden heute vielfach wieder geduzt; an manchen Schulen sagen die Schüler inzwischen sogar „Du" zum Lehrer. Bei jungen Unternehmen, sei es in der Werbung, in der Informationstechnik oder unter Designern, bei Startups und Projektteams, in denen flache Hierarchien herrschen, ist es längst gang und gäbe. Es gibt Firmen, die ihre komplette Mitarbeiterschaft vom Abteilungsleiter bis zum Portier aufs „Du" einschwören. Banken oder Versicherungen hingegen legen meist weiterhin auf die förmliche Anrede Wert. In Nachrichtensendungen des öffentlich-rechtlichen Rundfunks wäre ein „Du" bis vor wenigen Jahren noch ein Affront gewesen. Mittlerweile sind Moderatoren und Korrespondenten hier ebenfalls dazu übergegangen, sich während der Sendung zu duzen. In der Blogger-Szene, in Internet-Foren und sozialen Netzwerken wie Facebook, Google+ oder auch beim Kurz-Nachrichtendienst Twitter macht sich derjenige, der auf einer förmlichen Anrede besteht, damit eher keine Freunde. Und so mancher, der meint, jung geblieben zu sein, fühlt sich sogar gekränkt und furchtbar alt, wenn ihn Gleichaltrige oder gar Jüngere siezen statt duzen.

Offensichtlich wohnt dem Phänomen, dass sich die förmliche Anrede seit Jahrzehnten auf dem Rückzug befindet, ein Widerspruch inne. Zwar signalisiert ein „Du" Verbundenheit und Solidarität. Dennoch scheinen sich Leben und Alltag nicht unbedingt einfacher und angenehmer zu gestalten, weil das „Du" in aller Munde ist. Wie oft stehen wir vor Problemen, weil der Gebrauch der Personalpronomen nicht mehr verbindlich geregelt ist. Jeder von uns dürfte eine solche Situation kennen, in der er sich mit einem „Sie" oder einem „Du" unwohl fühlte. Manchem geht es zu weit, wenn Arbeitgeber das Duzen vorschreiben. Wirklich problematisch wird es, wenn wir ungefragt geduzt werden und keine Chance sehen, uns dagegen zu wehren, oder wenn wir ein eilfertig angebotenes „Du" wieder rückgängig machen wollen. In die Bredouille bringt uns zudem der saloppe Umgangston in den sozialen Netzwerken, in denen das „Du" quasi Pflichtübung ist. Insbesondere Unternehmen mit einer ausgeprägten Siez-Kultur kommen hier schnell an ihre Grenzen. Aber auch Otto Mustermann sieht sich bei einer bevorstehenden Begegnung im sogenannten „real life" mit der Frage konfrontiert: Duzen oder siezen wir uns jetzt?

Ich meine: Ob wir uns für das Siezen oder Duzen entscheiden, ist keine Frage des persönlichen Geschmacks. Vielmehr ist die Wahl des richtigen Anredepronomens eine Angelegenheit, die wohl überlegt sein will. Die Anrede regelt den Umgang miteinander, sie gibt die Tonart und die weitere Gangart der Begegnung vor. Im Zweifelsfall sollten wir lieber ein „Sie" vorziehen, da es auf Abstand, Respekt und Diskretion achtet. Das „Du" hingegen setzt auf Vertraulichkeit und Nähe. Deshalb kann es auch durchaus unangenehme Folgen haben. Etwa dann, wenn ein anbiederndes, nicht ernsthaft gemeintes „Du" zu einem Vertrauensvorschuss führt, der irgendwann enttäuscht oder gar missbraucht wird.

Wer sich gegen solche Tücken wappnen will, mag sich an Herbert Wehner ein Beispiel nehmen, über den folgende Anekdote kolportiert wird: Als ihn ein Parteigenosse fragte, ob er ihn duzen solle, antwortete Wehner: „Das können Sie halten wie du willst!" Leider ist nicht überliefert, wie der junge Mann auf die Ansage reagiert hat. Elegant aus der Affäre geholfen hätte ihm zweifelsohne das „Hanseatische Sie", also das Siezen bei gleichzeitiger Nennung des Vornamens: „Herbert, ich habe Sie verstanden!"

DAS GLEICHNIS VON DEN STACHELSCHWEINEN

Mehr noch als mit Abstand und Diskretion hat die förmliche Anrede „Sie" allerdings mit Höflichkeit zu tun. Doch was ist Höflichkeit? Genau genommen beißt sich hier die Katze in den Schwanz, weil Höflichkeit eigentlich nichts anderes als Distanz meint. Und zwar in dem Sinne, dass wir Abstand (be)wahren; darauf achten, dass wir niemandem zu nahe treten und dass uns keiner zu nahe kommt. Genau das hat Arthur Schopenhauer (1788–1860) in seinem 1851 erschienenen Spätwerk *Parerga und Paralipomena* in einem Gleichnis bildstark auf den Punkt gebracht:

„Eine Gesellschaft Stachelschweine drängte sich, an einem kalten Wintertage, recht nahe zusammen, um, durch die gegenseitige Wärme, sich vor dem Erfrieren zu schützen. Jedoch bald empfanden sie die gegenseitigen Stacheln; welches sie dann wieder von einander entfernte. Wenn nun das Bedürfnis der Erwärmung sie wieder näher brachte, wiederholte sich jenes zweite Übel; sodass sie zwischen beiden Leiden hin und her geworfen wurden, bis sie eine mäßige Entfernung herausgefunden hatten, in der sie es am besten aushalten konnten.

So treibt das Bedürfnis der Gesellschaft, aus der Leere und Monotonie des eigenen Innern entsprungen, die Menschen zu einander; aber ihre vielen widerwärtigen Eigenschaften und unerträglichen Fehler stoßen sie wieder von einander ab. Die mittlere Entfernung, die sie endlich herausfinden, und bei welcher ein Beisammensein bestehn kann, ist die Höflichkeit und feine Sitte. Dem, der sich nicht in dieser Entfernung hält, ruft man in England zu: keep your distance! (Wahren Sie den Abstand!)."

Man mag Schopenhauer entgegenhalten, dass Stachelschweine ihre Stacheln lediglich gegen Feinde ausfahren. Stimmig an dem Gleichnis ist in meinen Augen jedenfalls, dass der Philosoph das Bedürfnis nach Höflichkeit aus einer einfachen Größe ableitet, nämlich aus der Distanz. Bildhaft gesprochen meint Höflichkeit nichts anderes als das: Wir rücken anderen nicht auf den Pelz und gehen einander nicht an die Wäsche. Egal, ob wir großzügig mit „Danke" und „Bitte" umgehen, in öffentlichen Verkehrsmitteln Abstand zu unseren Mitreisenden wahren, pünktlich zu einer Verabredung kommen oder Nachfolgenden die Türe aufhalten und anderen den Vortritt lassen – Höflichkeit beziehungsweise gute Umgangsformen regeln ein zivilisiertes Miteinander ohne unnötige Reibungspunkte.

Höflichkeit meint Rücksichtnahme im doppelten Sinne: Wir bewahren uns unsere eigene Würde und erweisen unseren Mitmenschen den gebotenen Respekt. Wenn wir höflich behandelt werden, fühlen wir uns meist angenehm berührt. Denn mit der Rücksichtnahme, die mit der Höflichkeit einhergeht, drückt sich Achtung aus. Wir fühlen uns ernst genommen, persönlich gewürdigt. Daran dürfte der Schriftsteller Max Frisch gedacht haben, als er in seinen Tagebüchern notierte: „Der Weise, der wirklich Höfliche, ist stets ein Liebender."

Gute Umgangsformen ermöglichen es uns, in allen Situationen das Gesicht zu wahren. Sie wirken zivilisatorisch und schaffen eine freundliche Atmosphäre. Außerdem halten sie uns davon ab, einen anderen in Verlegenheit oder gar in peinliche Situationen zu bringen, jemanden bloßzustellen, zu demütigen oder zu verletzen. Wir kommen mit unseren Mitmenschen schlicht besser aus, wenn wir uns gut benehmen. Auch in konfliktreichen Situationen zahlt es sich aus, höflich zu bleiben.

In Misskredit bringt Höflichkeit uns allerdings dann, wenn wir sie nicht ernst meinen. Wenn aus falsch verstandener Rücksicht nicht offen und ehrlich geredet wird. Zur Waffe wird Höflichkeit dann, wenn sie mit der Lüge kokettiert: „Frau Meier, das Lila steht Ihnen fantastisch …“ Und bisweilen übertreiben wir es mit ihr auch. Wer andauernd katzbuckelt, ist nicht höflich, sondern unterwürfig.

Höflichkeit muss keineswegs nur anerzogen sein. Im Gegenteil. Ich habe einen Freund, der im Elternhaus keine übertriebenen Umgangsformen gelernt hat. Er macht all diese Dinge von Natur aus fast immer richtig – denn er hat Taktgefühl und Herzensbildung, das heißt, er besitzt die Fähigkeit, sich in andere einzufühlen. Dieser Freund fragt sich stets, wie er seinen Mitmenschen eine Freude bereiten und wie er nett sein kann, ohne sich anzubiedern oder gar aufdringlich zu sein.

Höflichkeit ist wie ein Luftkissen: Es mag zwar nichts drin sein, aber sie mildert die Stöße des Lebens.

ARTHUR SCHOPENHAUER

Kompliziert wird es allerdings dann, wenn Menschen einander begegnen, die unterschiedliche Vorstellungen von angenehmen Umgangsformen und dem haben, was unter Höflichkeit zu verstehen ist. Was der eine noch für einen angemessenen Ton hält, mag der andere schon als Affront empfinden. Besonders häufig treten Missverständnisse auf, wenn Menschen aus verschiedenen Ländern und Kulturen aufeinander treffen. So ist es in Deutschland etwa üblich, erst mit dem Essen zu beginnen, wenn alle etwas auf dem Teller haben. In England dagegen verstößt es gegen die gute Sitte, nicht sofort mit dem Essen zu beginnen. Wer es kalt werden lässt, brüskiert den Koch. Streng sind die Briten dafür beim Gebrauch des Bestecks: Während es hier nicht gerade hochfein, aber durchaus üblich ist, seine Gabel als Schaufel zu benutzen, wird darüber beinahe jeder Engländer die Nase rümpfen. Selbst Erbsen oder Püree werden aufgepickt beziehungsweise mithilfe des Messers auf die Unterseite der Gabel gepresst, gegebenenfalls gestützt durch ein Stück Fleisch an deren Spitze.

Sich mehrmals für eine Auskunft zu bedanken, halten Amerikaner für den Gipfel der Höflichkeit. Koreaner hingegen können mit diesem Verhalten wenig anfangen, weil sie meinen, anderen mit ihren Fragen auf die Nerven zu fallen. Deshalb entschuldigen sie sich lieber vielfach dafür, dass sie eine Frage gestellt haben, statt sich für die Antwort zu bedanken. Für die Chinesen ist das Naseputzen tabu, uns hingegen stößt es übel auf, wenn jemand die Nase geräuschvoll hochzieht. Andere Länder, andere Sitten.

Doch auch das Verständnis, das wir von Höflichkeit haben, unterliegt einem ständigen Wandel. Das betrifft – wie wir gesehen haben – die Anrede, aber auch die Tischsitten oder die Kleiderordnung. Der knappe Bikini etwa, der heute schick ist, galt vorgestern als unsittlich. Und ein kurz unter dem Gesäß endender Rocksaum – der heute nur noch aus Gründen modischer Abwechslung nach oben oder unten wandert – wäre in den Fünfzigern nicht einmal als halbseidene Textilie durchgegangen.

Umgangsformen, Stilfragen oder die Art und Weise, wie wir kommunizieren, sind historisch und kulturell relativ. Sie passen sich den veränderten Bedingungen jeder Generation jeweils neu an. Was auch besagt, dass sich in dem, was für höflich gehalten wird, der Zeitgeist spiegelt. Alte Regeln werden abgestoßen, weil sie anachronistisch geworden sind, zeitgemäße Gebote kommen hinzu, wenn neue Lebensbedingungen dies erforderlich machen. So konnte es aus verständlichen Gründen ein Handy-Verbot bei Mahlzeiten früher nicht geben. Heute gehört es zum guten Stil, das Mobilgerät bei einem geselligen Essen stumm geschaltet in der Tasche zu lassen.

Einen rasanten Wandel erlebte die Kleiderordnung. Mode ist immer eine Momentaufnahme des Zeitgeistes. Ob Kleidung, Frisur, Schminke oder Accessoires – allesamt geben sie Auskunft über das Selbstverständnis der Zeit. Bei allen Freiheiten, die wir diesbezüglich heute haben, hat sich eine Konvention erhalten. Zeitlos höflich geblieben ist es, sich mit seiner Kleidung der jeweiligen Umgebung und den dortigen Gepflogenheiten anzupassen. Wie ich zugeben muss, habe ich das als junger Mann etwas lockerer gehandhabt. Wenn mein Vater mir empfahl, auf Messen in Anzug und Krawatte zu erscheinen, sträubte ich mich stets dagegen. Ich wollte mit meiner Kleidung meine Individualität unterstreichen. Deshalb diskutierte ich schier endlos mit ihm darüber, was dagegen einzuwenden sei, wenn ich mich etwas unkonventioneller anziehen würde. Er entgegnete unnachgiebig, dass ein grauer Anzug nun einmal die angemessene Bekleidung für eine Industriemesse sei, weil wir dort unseren guten Firmennamen zu vertreten hätten. Ich aber behielt meinen Dickkopf. Mit den Jahren habe ich das gelassener gesehen. Wenn ich mich unter Menschen aufhalte, die gewisse Regeln bevorzugen, mache auch ich mir diese zu eigen. Schon deshalb, weil ich so der Gemeinschaft meine Reverenz erweise.

Konventionen sind wichtig. Sie haben aber auch ihre Kehrseite. Wenn sie nur exerziert werden, ohne sie immer wieder neu zu beleben, laufen sie ins Leere. Sie verfehlen dann ihren zeitlosen Zweck: respektvoll miteinander umzugehen. Lächerlich machen wir uns mit ihnen, wenn sie aus der Zeit gefallen sind. Aus kulturgeschichtlicher Sicht befinden wir uns inmitten eines Übergangs von der traditionellen Distanzhöflichkeit zu einer Höflichkeit der Nähe und Vertrautheit. Die neue Form der Höflichkeit orientiert sich am amerikanischen Stil der „Camaraderie", was Dieter E. Zimmer, dessen Publikationen sich verschiedentlich mit dem Sprachwandel und Sprachmanieren beschäftigen, bereits 1991 bewogen hat, von einer „Neuen Herzlichkeit" zu sprechen. Diese Entwicklung, die sich in den letzten Jahrzehnten rasant vollzogen hat, können wir uns ganz plastisch vor Augen führen, wenn wir den Wandel der Briefkultur betrachten. Selbst in offiziellen Schreiben trat an die Stelle des einst gebräuchlichen „Hochachtungsvoll" die gefälligere Schlussformel „Mit freundlichen Grüßen". Und in der privaten Korrespondenz lesen wir statt „Mit herzlichem Gruß" neuerdings immer öfter „Liebe Grüße". In privaten E-Mails, die den klassischen, gar den handgeschriebenen Brief bei Menschen unter 50 zunehmend ersetzen, wird es häufig noch informeller. Je nach persönlichem Verhältnis können diese Nachrichten etwa mit „Servus", „Ciao!", einem modischen „Greetz" oder einem „Bussi" beziehungsweise „Küsschen" enden. Eine SMS wiederum würde ich, so ich denn

> Hinter übertriebener Höflichkeit verbirgt sich Hochmut.
>
> CHINESISCHES SPRICHWORT

noch einmal 17 sein könnte, wohl mit „LGC" („Liebe Grüße, Claus") oder „Hdl" („Hab dich lieb") signieren.

VOM UMGANG MIT MENSCHEN

Wo Menschen zusammenkommen, da gilt das Gleiche wie beim Autofahren: Ohne Verkehrsordnung würde auf den Straßen alsbald Chaos herrschen. Freilich händigt einem keiner fürs Pöbeln, fürs Miesmuffeln oder Vordrängeln einen Strafzettel aus. Egoismus, Ignoranz, Rücksichtslosigkeit oder fehlender Anstand sind eben keine Straftatbestände oder Ordnungswidrigkeiten im juristischen Sinne. Ob Stinkstiefel, Zicken, Abzocker oder aus dem Gleis geratene Eliten, über deren moralische Verlotterung viel geredet und noch mehr geschrieben wird – immer mehr Menschen halten es offenbar für eine Selbstverständlichkeit, ungestraft gegen die guten Sitten und die Regeln des Zusammenlebens verstoßen zu dürfen. So vergeht kaum ein Tag, an dem die Medien nicht über neue Skandale zu berichten wissen. Promi-Luder, Manager-Boni, Schmiergeld- und andere schmutzige Affären – immer häufiger drängt sich vielen Menschen der Verdacht auf, als zähle die Moral heute nichts mehr.

Diese Abkehr vom Kantschen Imperativ, wonach das eigene Handeln stets anderen als Vorbild dienen sollte, hin zur harten Kante, die rücksichtslos gegen andere eingesetzt wird, brachte Michael Jürgs in seinem *SPIEGEL*-Essay *Kante statt Kant* im November 2011 auf den Punkt. Dass unsere Nation einen ins Monströse gesteigerten Eigennutz pflegt, hatte schon Ulrich Wickert 1994 in seinem damals viel diskutierten Sachbuch *Der Ehrliche ist der Dumme* konstatiert. Und Jörg Schindler, der seit 20 Jahren eine

Abwärtsspirale im sozialen Miteinander beobachtet, nannte seine 2012 erschienene Bestandsaufnahme gleich plakativ *Die Rüpelrepublik.* Hemdsärmelig geht es schlussendlich auch im Word Wide Web zu, wo so mancher meint, im Schutz der Anonymität hemmungslos die Hosen runter- und die Sau rauslassen zu können.

Freilich dämmert den „rüpelhaften" Deutschen selbst seit einigen Jahren, dass mit einer Gesellschaft, die sich zunehmend entsolidarisiert, etwas nicht stimmt. Seit über einem Jahrzehnt werden die Wehklagen über das soziale Klima immer lauter. 1999, so Jörg Schindler, glaubten 42 Prozent, dass die Stimmung in unserem Land fortwährend aggressiver und der Umgang miteinander immer rauer würden. Acht Jahre darauf sagten das schon 58 Prozent. Und in einer Repräsentativbefragung der Hamburger Stiftung für Zukunftsfragen, die 2010 veröffentlicht wurde, kam heraus, dass den Deutschen die schlechte Stimmung im Land sogar große Sorgen bereitet.

Wenig um die deutschen Sitten sorgt sich hingegen der Zukunftsforscher Horst W. Opaschowski. In seinem Ausblick *Deutschland 2030* sagt der Hamburger für die kommenden Jahre sogar einen Abschied von den „Ichlingen", von Egoismus und Narzissmus voraus. Und zwar, weil die Menschen es gründlich leid sind, sich von Entscheidern an der Nase herumführen zu lassen. In dem Maße, in dem der Glauben an jene verloren geht, die das Sagen in der Gesellschaft haben, werde das Bedürfnis nach stabilen und vertrauensvollen Beziehungen im zwischenmenschlichen Bereich wachsen. Die Menschen wollen wieder ehrbare Kaufleute und ehrliche Politiker, die vertrauenswürdig sind und ihre Versprechen halten. Vor diesem Hintergrund erwartet Opaschowski auf dem Weg in das Jahr 2030 ein erstarkendes „bürgerliches Wir-Gefühl" und damit eine Renaissance solcher alten Werte wie Ehrlichkeit, Verlässlichkeit und Hilfsbereitschaft.

Für Zukunftsmusik halte ich das nicht, was die graue Eminenz der Zukunftsforschung für die kommenden Jahre prognostiziert. Dass die Deutschen das frostige soziale Klima mehrheitlich satt haben, untermauern auch die Statistiken. Dass sie sich – allen voran die junge Generation – mehr Gemeinschaftssinn und Anstand wünschen, erlebe ich während meiner Lehrtätigkeit an der Universität Ingolstadt immer wieder aufs Neue. Zu meinem Erstaunen vertrauen allerdings die wenigsten darauf, die Umgangsformen auch sicher zu beherrschen.

ABER HERR VON KNIGGE – FISCH MIT MESSER?

Dabei ist Rücksichtnahme gar nicht so schwierig, wenn wir uns die zeitlose Grundregel der Nächstenliebe – „Behandle andere so, wie du von ihnen behandelt werden willst“ – vergegenwärtigen, die wir auch als gereimtes Sprichwort kennen: „Was du nicht willst, das man dir tu, das füg‘ auch keinem andern zu“. Schließlich lassen sich aus dem Grundprinzip der praktischen Ethik, der Nächstenliebe und der gegenseitigen Rücksichtnahme, die wichtigsten Regeln für ein ziviles (im Sinne von: anständig) Zusammenleben ableiten. Wir behandeln andere mit Respekt und Achtung, weil wir darauf bauen, dass uns ebenfalls Respekt und Achtung entgegengebracht werden.

Wie unterschiedlich die Ansichten von Anstand auch jeweils sein mögen: Anstand bezieht sich immer auf ein Gegenüber. Er ist die Grundbedingung des Zusammenlebens und Miteinanderauskommens. Und genau hierauf bezieht sich Freiherr Adolph Franz Friedrich Ludwig von Knigge

(1752–1796) mit seinen „Vorschriften, wie der Mensch sich zu verhalten hat, um in dieser Welt und in Gesellschaft mit anderen Menschen glücklich und vergnügt zu leben und seine Nebenmenschen glücklich und froh zu machen“, die 1788 veröffentlicht wurden. Entgegen der weit verbreiteten Meinung, dass sein Werk *Über den Umgang mit Menschen* eine Benimmfibel sei, werden Fragen der Etikette darin überhaupt nicht abgehandelt. Ausführliche Darlegungen etwa darüber, welcher Art die Garderobe sein möge oder wie Fisch zu essen sei, waren des Verfassers Sache nicht. In seiner Vorrede zur zweiten, überarbeiteten Auflage von 1790 wandte er sich sogar ausdrücklich gegen jegliches steifes, bloß äußerliches Regelwerk der Etikette. Ein Jahr vor der Französischen Revolution verfasst, war dem Anhänger der revolutionären Bewegung vornehmlich daran gelegen, aufklärerische Gedanken in nichtadligen Kreisen zu verbreiten. Sein Adressat war der einfache Bürger, dessen Bewusstsein für Souveränität, Freiheit und Verantwortung gestärkt werden sollte.

Pikanterweise wurde das engagierte Werk, das Knigge als Beitrag im Befreiungskampf des Bürgertums gegen die Abhängigkeit vom Adel konzipiert hatte, in den nachfolgenden Jahrzehnten umgedichtet – und zwar zu einem zeitlosen Buch des guten Benimms. Obwohl ihm sein andauernder Ruhm „um den Preis einer wahrhaft erstaunlichen Verkennung zuteilwurde“, so Harro Zimmermann, der Herausgeber der Sammlung *Adolph Freiherr Knigge. Neue Studien* von 1998, bürgen zahllose Ratgeber, Seminare und Lebenshilfebücher, die Benehmen zum Thema haben, mit dem Namen des Freiherrn.

Großen Anteil daran, dass Knigge in den Nachkriegsjahren in Deutschland zum Synonym für Sitte und Manieren wurde, hatte übrigens die bereits eingangs erwähnte

Erica Pappritz, die den Aufklärer Knigge in ihrem *Buch der Etikette* zu einem „Klassiker guten Benehmens" stilisierte. Ein besonders ulkiges Beispiel dafür, was sie im Vorwort über den Freiherrn zum Besten zu geben wusste, ist Folgendes: „Eine uralte Anekdote berichtet, er selbst habe gegen die von ihm gepredigten Gesetze zumindest einmal verstoßen, als er sich nämlich – über Bord gefallen – eines Haifisches mit Hilfe eines Messers erwehrte, worauf besagter Räuber indigniert ausgerufen habe: ‚Aber Herr von Knigge – Fisch mit Messer?'"

Wüsste er, wofür er heute mit seinem guten Namen einsteht, dann würden dem Freiherrn wohl die Haare zu Berge stehen: Da gibt es den *Business-Knigge*, den *Knigge für Dummies*, einen für *freche Frauen*, den modernen *Knigge fürs Büro*, den *China-Knigge*, den *Russland-Knigge* und sogar einen *Knigge auf Friedhöfen*. Wir sehen: Benimmregeln sind nicht nur kulturell und historisch variabel; sie sind ebenso sehr von der aktuellen Situation und dem jeweiligen Kontext abhängig. Was beim geselligen Beisammensein unter Freunden durchgeht, mag noch lange nicht bei einem offiziellen Geschäftsessen oder etwa während einer Kaffeestunde schicklich sein, die dem Gedenken eines Toten gewidmet ist. In jedem Fall gilt: Nicht die Benimmregel an sich, sondern gegenseitige Rücksichtnahme ist der Maßstab für gutes, angemessenes Benehmen. Achtung, Respekt, Toleranz, Hilfsbereitschaft, Freundlichkeit und Wertschätzung sind hier wichtige Schlüsselbegriffe. Und wenn wir das Grundprinzip der goldenen Regel („Behandle andere so, wie du von ihnen behandelt werden willst") verinnerlicht

> Ich habe stets vor, etwas Gutes zu tun und bin überzeugt, dass es dazu kommen wird.
>
> HANNS-DIETRICH VON SEYDLITZ

haben, können wir uns im zwischenmenschlichen Bereich durchaus auch auf unser Bauchgefühl verlassen. Es hält uns intuitiv davon ab, ins Fettnäpfchen zu treten. Gesittete Manieren und anständiges Benehmen fußen in erster Linie auf Umsicht, Empathie und Herzensbildung – und wenig auf Regelwerken.

FÜR DEN ERSTEN EINDRUCK GIBT ES KEINE ZWEITE CHANCE

Bekanntlich zählt der erste Eindruck. Tatsächlich ist das Gehirn ziemlich fix bei der Sache, wenn es darum geht, einen fremden Menschen einzuschätzen. Es braucht gerade einmal zwischen 150 Millisekunden und 90 Sekunden, um die verfügbaren Informationen zu verarbeiten. Die rechte Gehirnhälfte läuft dann auf Hochtouren. Die Entscheidung, ob wir einen Menschen auf den ersten Blick hin mögen oder nicht, trifft vornehmlich die Amygdala, die im medialen Teil des Gehirns für schnelle emotionale Urteile und intuitive Wahrnehmungen zuständig ist. An erster Stelle werden die Signale der Augen überprüft, es folgt das Gesicht, daraufhin Mimik und Gestik, schließlich werden Stimme und Geruch unter die Lupe genommen. Erstaunlicherweise denkt unser Kopf erst ganz zum Schluss darüber nach, was die Person gesagt hat, der wir erstmals begegnet sind.

Einer Studie des angesehenen US-amerikanischen Psychologen Albert Mehrabian zufolge setzt sich der erste Eindruck zu 55 Prozent aus unserer Kleidung und Körpersprache zusammen, 38 Prozent macht die Stimme aus – und nur 7 Prozent das, worum es während der Begegnung inhaltlich ging. Beim ersten Eindruck fällt ins Gewicht, ob

Interview mit
GABRIELA VON HABSBURG

Gabriela von Habsburg (*1956) studierte Philosophie und Kunst und ist Bildhauerin und Kunstprofessorin. Seit 2001 hält sie eine Professur in Georgien und hat mehrere Lehraufträge in Deutschland. Gabriela von Habsburg lebt am Starnberger See. Sie war von 2010 bis 2013 Botschafterin von Georgien in Berlin.

Frau v. Habsburg, Sie entstammen einer der ältesten Familien. Inwieweit hat das Ihren Umgang mit Menschen geprägt?
Jeder Mensch wird mit Sicherheit am meisten durch das Beispiel der Eltern beeinflusst. Meine Eltern waren immer bescheiden. Mein Vater sagte beispielsweise, alle Menschen stammten aus alten Familien, nur hat man ihre Vorfahren nicht aufgeschrieben. Die offene und anteilnehmende Art meiner Eltern, auf Menschen zuzugehen, hat mich sicher geprägt.

Höflichkeit stammt begrifflich vom höfischen Verhalten ab. Ist sie damit nicht eigentlich völlig aus der Zeit gefallen?
Ein gutes Benehmen, nämlich Höflichkeit, ist Voraussetzung dafür, dass es im täglichen Umgang mit den Mitmenschen nicht zu unnötigen Kränkungen kommt.

Was können wir vom Wertebewusstsein Ihrer Vorfahren lernen?
Nicht alles, was wir tun können und erlaubt ist, ist auch ehrbar. Die Ehrbarkeit muss immer über dem persönlichen und materiellen Vorteil stehen.

Welche Bedeutung haben heute noch Titel? Wofür stehen sie?
Titel, die erworben sind, sind wichtiger als ererbte Titel. Denn jede

Leistung, die jemand erbracht und durch die er einen Titel erworben hat, verdient Ansehen. Erworbene Titel sagen etwas über die eigene Tüchtigkeit aus; ererbte sprechen von der Tüchtigkeit der Vorfahren. Nichtsdestotrotz blicken viele Menschen genauer auf Personen, die einen Titel tragen, egal, ob erworben oder ererbt. Deshalb ist jeder Titel auch eine Verantwortung, sich als Vorbild zu verstehen und sich entsprechend zu benehmen.

Sie mussten als Diplomatin häufig jedes Wort auf die Goldwaage legen. Viele Menschen würden sich aber in den internationalen Beziehungen oft mehr Deutlichkeit wünschen und empfinden die Diplomatie als unaufrichtig. Können Sie das verstehen?

Diplomatie ist nicht unaufrichtig. Es gibt in der Diplomatie gewisse Regeln, die man befolgen kann, um Botschaften auszudrücken, die klar verständlich sind, aber den Ansprechpartner nicht verletzen und keine diplomatischen Verwicklungen hervorrufen. Es sind Spielregeln, die ein Diplomat kennen muss. Wer sie nicht kennt, kann sie natürlich leicht falsch verstehen oder als fehlende Deutlichkeit interpretieren. Ein Diplomat muss mit allen Seiten reden können, gerade in schwierigen politischen Situationen ist es wichtig, alles so auszudrücken, dass es für den Gesprächspartner deutlich und trotzdem annehmbar ist.

Gibt es aus Ihrer Sicht eine Faustregel im Umgang mit Menschen, die für Könige ebenso gilt wie für den sprichwörtlichen Bauern?

Die Faustregel heißt: Behandle jeden so, wie auch Du behandelt werden willst.

der fremde Mensch vertrauenswürdig und sympathisch oder aber aggressiv und hinterhältig auf uns wirkt. Unsere zweite Frage zielt auf den sozialen Status des Unbekannten. Vereinfacht gesagt: Wir wollen wissen, ob uns der Fremde überlegen ist.

„Es ist immer ein sonderbares Ding um den ersten Eindruck, er ist immer ein Gemisch von Wahrheit und Lüge im hohen Grade“, notierte Goethe in seiner *Italienischen Reise*. Und es stimmt: Wer bei einer ersten Begegnung eine schlechte Figur macht, der ist zwar nicht unweigerlich für alle Zeiten aus dem Rennen. Gleichwohl wird er sich schwerer damit tun, zu überzeugen, als jener, der bei einem Erstkontakt eine fabelhafte Figur abgab. Denn leider ist das Bild, das wir uns in den ersten Sekunden machen, nur schwer zu revidieren. Nicht umsonst heißt es: „Für den ersten Eindruck gibt es keine zweite Chance“.

Aus evolutionärer Sicht mag es durchaus sinnvoll sein, möglichst schnell darüber zu entscheiden, ob ein Freund oder ein Feind vor uns steht. Als Überlebensstrategie ist der sogenannte „Primacy-Effekt“ (Primär-Effekt oder Erster-Eindruck-Effekt) zweifellos ein wichtiger Automatismus, der uns Sicherheit und Orientierung bietet. In unserer hochkomplexen Welt allerdings, die es erforderlich macht, Einstellungen gegenüber Menschen, Situationen und Dingen ständig auf den Prüfstand zu stellen, ist er sicherlich nicht immer hilfreich. Etwa dann, wenn der erste Eindruck falsche oder verzerrte Wahrnehmungen zur Folge hat, oder wenn er uns sogar dazu verleitet, Menschen voreilig in eine Schublade zu stecken. Deshalb sollten wir uns meines Erachtens des Öfteren nicht nur die Frage stellen, wie wir im Moment des Kennenlernens auf andere wirken. Sondern wir sollten auch die Kriterien kritisch überprüfen, nach denen wir fremde Menschen beurteilen.

Dass die Prozesse unbewusst ablaufen, heißt ja nicht, dass wir sie uns nicht bewusst machen können.

Doch weil Optik und Outfit zu mehr als der Hälfte darüber entscheiden, ob wir einen guten Eindruck hinterlassen oder nicht, sollte ein sauberes und gepflegtes Erscheinungsbild eine Selbstverständlichkeit sein. Mit ungeputzten Schuhen, dreckigen Fingernägeln, fleckiger Kleidung oder fehlenden Knöpfen manövrieren wir uns ins Aus. Auch bei der Auswahl der Kleidung, bei der Schuhwahl oder bei den Accessoires, etwa bei der Frage, welchen Schmuck Frauen anlegen oder welche Uhren Männer tragen, ist Obacht geboten.

Kleider haben Signalwirkung. Wer Bekleidung passend zu seiner Individualität aussucht, wer seinen eigenen Stil gefunden hat, strahlt Persönlichkeit, Kompetenz und Glaubhaftigkeit aus. Dabei nicht zu unterschätzen ist der Wohlfühl-Effekt. Authentisch wirkt nur derjenige, der sich in seiner „zweiten Haut" gut fühlt. Wohl unterstreichen wir mit der Art und Weise, wie wir uns kleiden, nicht nur unsere Individualität. Wir signalisieren mit ihr auch die Haltung, die wir anderen entgegenbringen. Falsche beziehungsweise unangemessene Kleidung kann daher durchaus als Affront empfunden werden. Wer sich nachlässig oder gar schlampig kleidet, läuft Gefahr, von seinen Mitmenschen für einen Schludrian gehalten zu werden. Überheblich kann dagegen wirken, wer teure Accessoires, Designermarken oder Firmenlabel wie Statussymbole vor sich her trägt. Grundsätzlich sollte die Kleidung immer dem Anlass entsprechend gewählt wer-

> Man ist nie so lächerlich wegen der Eigenschaften, die man hat, als wegen derjenigen, die man zu haben vorgibt.
>
> FRANÇOIS DE LA ROCHEFOUCAULD

den. Fast immer richtig liegt, wer sich klassisch anzieht – was nicht mit einem altbackenen Stil zu verwechseln ist. Im privaten Kreis können natürlich, je nach Anlass und vorherrschendem Stil, auch extrem modische oder ausgesprochen ausgeflippte Sachen „angemessen" sein. Im Theater, im Konzert oder in der Oper gilt es, sich an oft ganz speziellen örtlichen Standards zu orientieren – und nicht an überkommenen Vorstellungen von „richtig" und „falsch". So machen Sie mit Smoking und langem Abendkleid bei einer Premiere der Bayerischen Staatsoper nichts falsch, während Sie sich im exakt gleichen Outfit an der Berliner Volksbühne eher zum Gespött der Leute machen.

Am einfachsten lässt sich die Frage nach der angemessenen Kleidung immer noch im geschäftlichen Umfeld beantworten. Klassische Anzüge mit gedeckten Krawatten und unifarbenem Hemd bei den Herren, Business-Kostüme in gedeckten Farben mit weißer Bluse und gleichfarbiger Wäsche bei den Damen bilden einen zugegebenermaßen vielleicht etwas langweiligen Mittelwert, geben aber die größte Sicherheit. Nicht umsonst gelten diese Standardkombinationen als „Business-Uniform" und werden im Feuilleton gern als Einheitslook gleich geschalteter Funktionssklaven gegeißelt. Tatsächlich sorgt dieser Stil bloß für Ruhe an der Modefront – und damit für Konzentration auf das Wesentliche.

DEM NAMEN EHRE MACHEN

Auch wenn das, was wir sagen, lediglich zu sieben Prozent den ersten Eindruck bestimmt, heißt das natürlich nicht, dass es ohne Bedeutung wäre, was wir gesagt haben. Das fängt mit der Begrüßung an. Ganz gleich, ob wir einen

Menschen im familiären oder beruflichen Umfeld, auf der Straße oder bei gesellschaftlichen Anlässen treffen: Ins Gewicht fallen ein höflicher Ton, die korrekte Anrede mit Namen, wo vorhanden auch mit Titeln, und eine freundliche Begrüßungssentenz, die dem Kontext und der Situation angemessen ist. Wie leicht lässt sich eine Begrüßung vermasseln. Floskeln („Angenehm") oder unpersönliche Anreden („Werte Anwesende") kommen weniger gut an, als persönliche Formulierungen („Ich freue mich, Frau Zähringer, dass ich die Gelegenheit habe, Sie persönlich zu treffen"). Salopp-kameradschaftliche Flapsigkeiten („Hi, Herr Landrat") empfehlen sich unter einander Fremden nicht. Das „Grüß Gott" aus Bayern oder das „Moin, moin", das in Norddeutschland gebräuchlich ist, sind dagegen nur Hinweise auf die Herkunft.

Beim Händedruck kann ebenfalls einiges schief laufen. Wahrscheinlich verdanken wir es den Politikern und den unzähligen Handshakes, die endlos fotografiert werden – aber: Hände werden nicht geschüttelt, sondern lediglich kurz gedrückt. Dabei sollte Ihr Gegenüber weder das Gefühl haben, in einen Weichkäse zu greifen, noch in einen Schraubstock geraten zu sein. Bei einer Erkältung gebietet es die Höflichkeit, gänzlich auf den Händedruck zu verzichten. Fingerspitzengefühl ist allemal im Ausland geboten. In arabischen Ländern ist es beispielsweise verpönt, dass Frauen und Männer einander die Hände reichen, auch in weiten Teilen Asiens wird die Geste nicht gerne gesehen. Wir alle haben es selbst schon einmal erlebt, dass der Händedruck eines Menschen einiges über seinen Charakter verrät. Nach meinem Dafürhalten wirkt ein fester Handschlag allemal sympathischer und überzeugender als eine schlaffe und womöglich noch dazu feuchtkalte Hand, die auf Nervosität schließen lässt.

Respekt erweisen wir einer Person immer dann, wenn wir sie mit ihrem Namen ansprechen. Wir heben sie dadurch aus der Anonymität, erkennen ihre Individualität an und erzeugen eine persönliche und freundliche Atmosphäre, in der eine gewisse Verbindlichkeit herrscht. Auf einen weiteren Aspekt, nämlich, dass es uns schmeichelt, wenn wir unseren Namen hören, verweist der US-amerikanische Kommunikations- und Motivationstrainer Dale Carnegie: „Für jeden Menschen ist sein Name das schönste und wichtigste Wort“, schreibt er in *Wie man Freunde gewinnt*. Kein Wunder, denn wir hören ihn von Kindheit an. Freilich sollte der Name dann auch korrekt genannt und richtig ausgesprochen werden! Was, Hand aufs Herz, bei so manchem Zungenbrecher, bei Doppelnamen oder fremdländisch klingenden Namen keine leichte Übung ist. Mein Ratschlag: Fragen Sie höflich nach, wenn Sie einen Namen nicht verstanden haben.

Obacht ist bei Namenszusätzen wie akademischen Graden oder Titeln geboten. Freiin, B.A. (Bachelor of Arts), Konsul, Doktor, Graf, Direktorin, Diplom-Betriebswirt, Senatorin, Hochwürden oder Stadträtin – Ehrentitel und Berufstitel gibt es ohne Zahl. Obschon der akademische Grad kein Namenszusatz ist, gehört es zur guten Sitte, ihn mit auszusprechen. Aber es besteht keine Pflicht, ihn zu nennen. Lediglich im Schriftverkehr sind Berufs- und Ehrentitel ein Muss. Wer eine Person mit akademischen Grad anspricht, muss den höchsten Titel nennen. Der Professor sticht den Doktor. Vor allem unter Jüngeren ist es heutzutage üblich geworden, die Titel wegzulassen. Es lebt sich einfacher und unprätentiöser so. Und auch innerhalb akademischer Kreise legen Doktoren und Professoren, *Magnifizenzen* und *Spectabilitates* meist wenig Wert auf das Geklingel mit Titeln – schließlich hat ja jeder irgendeinen.

Adelstitel, z. B. Baronin, Freiherr oder Gräfin gehören zum Familiennamen. Sie sind bei der Anrede von Adeligen Pflicht (Guten Tag, Gräfin Kanitz). Speziell verhält es sich mit dem Adelsprädikat (von, van der, von und zu). Führt der Angesprochene einen Titel, wird das Prädikat weggelassen. Wenn nicht, wird es genannt. Besitzt jemand akademische Grade und dazu einen Adelstitel, kommt zuerst der akademische Grad, dann der Adelstitel (Guten Tag, Professor Baron Seydlitz-Kurzbach).

Kirchliche Repräsentanten tragen im strengen Sinne Amtsbezeichnungen; korrekt ist, diese in der mündlichen Anrede zu verwenden. Der Papst wird mit „Eure Heiligkeit" oder „Heiliger Vater" angesprochen. Die protestantische Bischöfin mit „Frau Bischöfin", der Geistliche in der Gemeinde mit „Herr Pfarrer" oder „Herr Pastor". Durchaus gebräuchlich ist die Anrede „Hochwürden" für katholische Pfarrer. Auch von Amts- oder Berufsbezeichnungen wie beispielsweise „Herr Ministerpräsident", „Frau Bürgermeisterin", „Herr Botschafter" oder „Frau Bundeskanzlerin" sollte bei der Anrede Gebrauch gemacht werden.

DIE KUNST DES PLAUDERNS

Nach der korrekten Begrüßung folgt die Kür – nämlich der Small Talk, der bisweilen arges Kopfzerbrechen bereitet. Es ist nämlich gar nicht so einfach, ein passendes Thema für ein Gespräch unter einander Fremden möglichst nonchalant aus dem Hut zu zaubern. Selbst Menschen, die kommunikativ und eloquent sind, haben hier manchmal ein Brett vor dem Kopf. Mein Tipp: Stellen Sie Blickkontakt her und machen Sie ein freundliches Gesicht. So Sie einander noch nicht vorgestellt wurden, holen Sie das nach. Selbstbewusster klingt „Darf ich mich vorstellen“ als die Variante „Entschuldigung, ich hoffe, ich störe nicht …“. Wenn Sie sich mit Vor- und Nachnamen vorstellen, suggeriert das Augenhöhe und eine gewisse Nähe. Wenn Sie schüchtern oder aufgeregt sind – verstellen Sie sich nicht. Gespieltes Interesse oder vorgetäuschte Anteilnahme spürt ihr Gegenüber! Wer sich natürlich gibt, wirkt authentischer und damit sympathischer.

Beim Small Talk gilt das, was jede zwischenmenschliche Kommunikation auszeichnen sollte: Angenehm ist ein Gespräch immer dann, wenn beide gleichberechtigt miteinander reden. In die Unterhaltung steigen wir am besten mit einer offenen Frage ein. Als Gesprächsgegenstände eignen sich positiv besetzte Themen, die auf die momentane Situation Bezug nehmen („Kennen Sie die Gastgeberin schon länger?“), oder allgemeiner Natur sind. Grundsätzlich sollten solche Themen für die Plauderei gewählt werden, bei denen jeder mitreden kann. Auch wenn sich viele darüber mokieren, wenn das aktuelle Wetter Thema des Small Talks ist – warum sollten wir nicht darüber sprechen? Schließlich geht das Wetter jeden an und ein jeder kann dabei mitreden. Angenehmer Nebeneffekt: Am Wetter ist niemand schuld, und niemand von uns kann es ändern; weshalb hinter dem Thema weder versteckte Vorwürfe noch anstrengende Appelle lauern.

Bescheidenheit müsste die Tugend derer sein, denen die anderen fehlen.

GEORG CHRISTOPH LICHTENBERG

Doch ob es das Wetter ist, das Essen oder die Freude über das Ereignis, anlässlich dessen Sie und ihr Gesprächspartner aufeinandertreffen: Für alle Themen des Small Talks gibt es zeitliche Grenzen. Wenn Sie das Gefühl haben, über die Aufwärmphase nicht hinauszukommen, dann ist es allemal besser, eine Konversation höflich zu beenden als sein Gegenüber mit endlosen Banalitäten zu zermürben. Falls Sie Sorge haben sollten, die Kunst des Plauderns nicht zu beherrschen, stellen Sie Fragen und gehen Sie dann auf die Antworten Ihres Gegenübers ein.

Tabu sind Probleme und konfliktträchtige Gegenstände wie Politik, Religion und Weltanschauung, Geld und Geschäfte, Krankheiten oder persönliche Krisen. Viele flüchten, sobald diese Themen angesprochen werden. Ins Abseits manövrieren wir uns auch mit Floskeln, Kritik am Gastgeber, dem Essen oder anderen Gästen. Hochnotpeinliche Fragen wie „Ist Ihre Perlenkette echt?“ verbieten sich von selbst. Wer für sich beansprucht, ein besonders schlaues Köpfchen zu sein, wirkt schnell hochnäsig. Wer über komplexe Spezialthemen fachsimpelt oder ausufernd über seine letzte Urlaubslektüre schwadroniert und dabei aus dem Blick verliert, ob die Gesprächspartner den Ausführungen überhaupt folgen, dürfte alsbald wieder alleine dastehen. Ausgesprochen peinlich können Witze sein. Aus dem Stegreif dem Humor eines Gesprächspartners zu entsprechen, den ich kaum kenne, scheint mir jedenfalls nahezu ein Ding der Unmöglichkeit zu sein.

Vergessen Sie nicht: Der Small Talk ist eine vollkommen zwanglose, unangestrengte Unterhaltung. Das lockere Parlieren dient lediglich dazu, sich unverbindlich auszutauschen und sich ein wenig näherzukommen. Deshalb bietet es uns auch jederzeit die Möglichkeit, sich wieder daraus zurückzuziehen. Achten Sie allerdings darauf, dass Sie Ihren Gesprächspartner nicht brüskieren, indem Sie ihn unvermittelt alleine stehen lassen. Wenn Sie die Plauderei beenden möchten, dann verabschieden Sie sich von ihm mit einem freundlichen Wort.

AUCH MODERNE FRAUEN MÖGEN RITTER

Ein viel disputierter Dauerbrenner ist das Verhältnis der Geschlechter, das sich infolge der Emanzipation in den vergangenen Jahrzehnten radikal verändert hat. In dem Maße, in dem sich für Frauen und Männer größere Freiheiten eröffneten, kamen die traditionellen Rollenbilder und damit die konventionellen Umgangsformen ins Wanken. Ganz gleich, wie jeder Einzelne das für sich bewertet, es geht heute nun einmal bedeutend lockerer zu als zu den Zeiten der Erica Pappritz.

Aber auch dort, wo scheinbar Lässigkeit herrscht, wollen bestimmte Regeln beachtet sein. Gewissermaßen liegt es sogar in der Natur der Sache, dass gerade da, wo zwei unterschiedliche Geschlechter miteinander zu tun haben, besonders viele Fallstricke und Fettnäpfchen lauern. Das gilt für den Alltag, die Liebesbeziehung, für Beruf und Freizeit, und auf dem gesellschaftlichen Parkett gleichermaßen. Gute Umgangsformen helfen entschieden mit, gewisse Klippen zwischen den Geschlechtern elegant, um nicht zu sagen: galant zu umschiffen.

Dass der Mann traditionell links von der Dame geht, gilt heute nur noch eingeschränkt. Dieser Brauch hatte aber, wie viele andere Benimmregeln, früher ganz praktische Gründe. Ehemals trug der Mann links einen Degen. Wäre die Frau ihm an dieser Seite gefolgt, hätte sie der Degen beim Gehen behindern können. Eingeräumt wurde ihr die rechte Seite neben dem Kavalier, die zudem seit jeher als Ehrenseite gilt, auch deshalb, weil der Herr ihr mit seiner Rechten schneller behilflich sein konnte, vorausgesetzt natürlich er ist Rechtshänder. Etwa wenn Gefahr drohte oder die Frau strauchelte, was bei Schuhwerk und Kleiderordnung früherer Zeiten leicht geschehen konnte. Auch heute gehört es allerdings noch zum guten Ton, die Frau von fahrenden Autos abzuschirmen, vor allem bei Regenwetter, um sie so vor Spritzwasser zu bewahren. Und ob es nun Zufall ist oder nicht, so flanieren die Frauen unversehens auf der Schaufensterseite.

Zu den traditionellen Pflichten eines Kavaliers gehörte es zudem, dass er für die Frau die Rechnung begleicht. Ritterlich war das freilich eher nicht, da Frauen früher häufig über gar kein eigenes (Bar-)Geld verfügten. Wir können uns das heute fast nicht mehr vorstellen. Aber bis in die Sechzigerjahre des vorigen Jahrhunderts mussten sie sich für die meisten Formen von Käufen und Vertragsabschlüssen durch Männer vertreten lassen. Voll geschäftsfähig wurde eine verheiratete Frau in der Bundesrepublik erst nach 1969. Bis 1958 hatte der Ehemann das alleinige Bestimmungsrecht über Frau und Kinder. So konnte er nach eigenem Ermessen beispielsweise den Anstellungsvertrag seiner Frau ohne deren Zustimmung fristlos kündigen. Auch wenn er seiner Frau erlaubt hatte, arbeiten zu gehen, verwaltete er ihren Lohn, da Frauen ohne Genehmigung ihres Mannes bis 1962 kein eigenes Bankkonto eröffnen konnten. Erst 1977 wurde die Regelung abgeschafft, dass verheiratete Frauen, die arbeiten wollten, dafür die Einwilligung ihres Ehemannes vorweisen mussten.

Wir sehen: In dem Maße, in dem sich Frauen ihren Platz in der Gesellschaft erobert haben, wurden jene Regeln der Etikette hinfällig, die der Frau Unmündigkeit bescheinigten. Heute begegnen sich Frauen und Männer in der Regel auf Augenhöhe. Was freilich nicht zur Folge hat, dass Ritterlichkeit eine unerwünschte Tugend geworden ist. Sehr wohl dagegen Kavaliersattitüden, die darauf zurückzuführen sind, dass Frauen keinen eigenen Status besitzen! Sie sind mittlerweile zu Recht als Rambo-Manieren verschrien. Wer meint, mit geschlechtsspezifischen Sonderbehandlungen, Bevorzugungen oder Benachteiligungen punkten zu können, die allein den Zweck verfolgen, den Besitzanspruch des Mannes an der Frau zu demonstrieren, der manövriert sich gehörig ins Aus.

Selbstverständlich steht es außer Frage, dass Frauen Türen selbst öffnen oder sich Mäntel alleine anziehen können. Warum wünschen sich 85 Prozent aller Frauen aber trotzdem, dass der Mann ihnen die Tür aufhält oder in den Mantel hilft, wie eine Umfrage des Meinungsforschungsinstituts EMNID aus dem Jahr 2009 ergab? Weil Frauen aufmerksame Gesten und gutes Benehmen schätzen. Auch wenn Männer sich das bisweilen etwas anders denken: Stil, Haltung und Verbindlichkeit zählen beim weiblichen Geschlecht mehr als Aussehen, Status oder gar ein dicker Geldbeutel. Das bestätigt auch eine Umfrage des Instituts für Demoskopie in Allensbach, die im Dezember 2011 veröffentlicht wurde. Die Mehrheit der Frauen, nämlich satte 88 Prozent, schätzt es, wenn der Mann schwere Sachen für sie trägt. 77 Prozent freuen sich darüber, wenn sie nach einer Verabredung nach Hause begleitet werden und mehr als zwei Drittel haben es gerne, wenn der Mann ihnen bei Kälte oder Regen seinen Mantel anbietet. Für nicht mehr zeitgemäß halten sie es, wenn er die Zeche begleicht. Allerdings gibt lediglich jede Fünfte der Befragten an, kein Problem damit zu haben, die Rechnung für das gemeinsame Essen zu übernehmen. Andere Konventionen, wie etwa den Stuhl der Frau zurechtzurücken oder sich kurz zu erhe-

> Es ist ein großes Unglück, wenn man weder genug Geist hat, um zu reden, noch genug Urteilskraft, um zu schweigen.
>
> JEAN DE LA BRUYÈRE

ben, wenn sie den Tisch verlässt, haben sich in den Augen jeder sechsten Frau überlebt. Die Gepflogenheit jedoch, dass der Mann im Restaurant den Wein aussucht, halten die meisten für nicht mehr angemessen.

Pluspunkte sammelt ein Mann allerdings weniger, wenn er es mit Liebenswürdigkeiten übertreibt. Keine Frage, ehrlich gemeinte Komplimente tun allen Menschen gut; sie steigern das Selbstbewusstsein und heben die Laune. Dick aufgetragene Schmeicheleien und Aufschneidereien hingegen wirken entweder abstoßend oder ganz einfach nur peinlich. Wer sich nicht bewusst macht, dass der Grat zwischen charmanter Annäherung und platter Anmache schmal ist, verliert leicht sein Gesicht. Anzügliche Bemerkungen verbieten sich generell. Und im Beruf sind Komplimente absolut tabu, die dem Aussehen und nicht den erbrachten Leistungen gelten.

Gerade im beruflichen Umfeld ist viel Fingerspitzengefühl gefragt. Zurücknehmen sollten sich Männer immer dann, wenn Frauen mit praktischen Problemen zu kämpfen haben. Anstelle von neunmalklugen Ratschlägen, die gar mit dreisten Sprüchen garniert sind („Frau und Technik …"), sollte Mann lieber nachfragen, ob und welche Hilfe tatsächlich benötigt wird. Anders als im öffentlichen Raum werden Frauen, die im Berufsleben inzwischen in allen Bereichen „ihren Mann" stehen, hier nicht privilegiert behandelt. So gehört es beispielsweise zum guten Ton, dass sie höhergestellten Männern die Türe öffnen und den Vortritt lassen. Auch bei Begrüßungen gilt die hierarchische Rangfolge. Nur unter gleichgestellten Kollegen werden Frauen zuerst begrüßt. Die Hierarchie zählt ebenfalls beim „Shakehands"; nicht die Frau, sondern der Ranghöhere entscheidet, wem er die Hand reicht – wobei sie sich dabei von ihrem Stuhl erheben sollte.

Wo immer ich die Möglichkeit habe, mache ich mich dafür stark, dass Menschen einander mit Anstand und Achtung begegnen. Das gilt nicht zuletzt für den Umgang mit dem weiblichen Geschlecht, wo ich mir zeitlebens den Kavalier der alten Schule zum Vorbild genommen habe. Selbstverständlich ist auch mir nicht verborgen geblieben, dass emanzipierte Frauen bisweilen Probleme mit ritterlichen Gesten haben. Persönlich habe ich allerdings nie die Erfahrung gemacht, eine Frau zu düpieren, wenn ich ihr in den Mantel geholfen oder ihr den Vortritt an der Türe gelassen habe. Im Gegenteil. Ich kann Männer nur darin bestärken, Frauen zuvorkommend zu behandeln. Nicht allein, weil sie Hochachtung und Liebenswürdigkeiten zu schätzen wissen. Auch dem Mann steht es gut zu Gesicht, Frauen Ehre zu erweisen.

Doch was macht einen galanten (= liebenswürdigen) Herrn eigentlich aus? Er tritt gepflegt auf, strahlt durch Habitus Kompetenz aus und pflegt seinen persönlichen Stil. Er setzt auf Empathie, emotionale Intelligenz und beherrscht die modernen Umgangsformen bis zur Etikette, die in fremden Ländern gilt. Er versteht sich auf charmante Komplimente und hat Freude daran, als Gentleman zu agieren. Auch wenn bisweilen suggeriert wird, dass gewisse Spielregeln guten Benehmens einen gleichberechtigten Umgang zwischen den Geschlechtern untergraben – nach meinem Dafürhalten hat der Kavalier keineswegs ausgedient. Im Gegenteil: Der Gentleman, der Frauen Achtung entgegenbringt, ist nach wie vor stark gefragt. Das gilt allerdings auch umgekehrt: Wenn sich eine Frau wenig damenhaft benimmt, dann kann sie schwerlich darauf bauen, wie eine Dame behandelt zu werden. Die Tür kann ich ihr eben nur aufhalten, wenn Sie nicht im Stechschritt an mir vorbei durch dieselbe marschiert.

VERSTÄNDNIS ALS SCHLÜSSEL

Warum Sie „den Knigge“ nicht auswendig lernen müssen

Ohne Regeln und Formen ist ein vernünftiges Zusammenleben unmöglich. Im Straßenverkehr leuchtet das jedem ein. Gäbe es keine Verkehrsregeln, dann herrschte auf unseren Straßen nicht nur Chaos, dann ginge es außerhalb der eigenen vier Wände nicht nur ziemlich gefährlich zu, es käme auch niemand mehr in vertretbarer Zeit und mit vertretbarem Risiko an sein Ziel.

Grundsätzlich würde wohl niemand bestreiten, dass der gesellschaftliche Verkehr der Menschen ebenfalls Regeln braucht. Aber wer es mit diesen Regeln etwas lockerer hält, der glaubt fast immer, dass er dafür ein schlagendes Argument ins Feld führen könne: Schließlich habe doch jede Zeit, jede Kultur, jede Gesellschaftsschicht da so ihre eigenen Vorstellungen. Und wer bitte schön könne schon sagen, welche Regeln richtig, welche unverzichtbar – und welche am Ende bloß hohle Konvention seien?

Komme ich, wenn ich die anderen immer erst ausreden lasse, heutzutage überhaupt noch zu Wort? Macht in einer Talkshow doch auch niemand. Ist es nicht total altmodisch, einer Dame in den Mantel zu helfen? Die meisten Frauen lehnen das doch als unemanzipiert ab. Wer trägt heute in der Oper noch einen Smoking? Höchstens Spießer und neureiche Angeber! Wozu für jeden Wein ein anderes Glas? Dadurch schmeckt er schließlich nicht anders. Und so weiter.

Tatsächlich verwechseln die Leute, die solche Regeln für unbegründbar halten, etwas: Sicher, es gibt Länder mit Rechtsverkehr und Länder mit Linksverkehr. Im Prinzip ist weder das eine noch das andere sinnvoller oder sicherer. Welche Regel gilt, hat einzig und allein historische Gründe. Aber selbst der patriotische Brite im alten Aston Martin muss bei uns rechts fahren. Obwohl das für ihn ungewohnt und sogar ziemlich unpraktisch ist.

Tatsächlich beruht das meiste, was mit Benimm, Anstand und gesellschaftlichen „Verkehrsregeln" zu tun hat, auf Konventionen, Traditionen oder Sitten und Gebräuchen. Diese können je nach kultureller oder sozialer Herkunft ganz unterschiedlich sein. Aber je nachdem, in welchem Land ich bin oder in welchen Kreisen ich mich bewege, sollte ich die dort gültigen Regeln kennen. Und ich sollte mir bewusst machen, welche Folgen es hat, wenn ich mich nicht an sie halte. Welches Verhalten ist zwingend, welches „passend"? Womit mache ich mich unmöglich? Was erwarten die anderen von mir? Wie kann ich eventuell Pluspunkte machen? Was könnte vorgestrig oder aufgesetzt wirken? Und was ist tatsächlich nur eine Frage des persönlichen Stils oder Geschmacks?

Auch wenn heutzutage viele Leute – vornehmlich auf Flughäfen, in Bahnhöfen oder in Kaufhäusern – nachfolgenden Personen die Tür vor der Nase zufallen lassen: Sie ihnen aufzuhalten wird bis ans Ende aller Tage ein Zeichen von Höflichkeit und Rücksicht bleiben. Erst recht, wenn ich mit Freunden, Bekannten oder Geschäftspartnern zum Beispiel ein Restaurant betrete. Dabei spielt es auch keine Rolle, ob diese Begleiter Damen oder Herren sind. Für mich persönlich ist es auch eine schöne Sitte, dass ich mich kurz erhebe, wenn eine Dame vom Tisch aufsteht oder an ihn zurückkehrt. Doch ich gebe zu, dass diese Geste des Respekts heute altmodisch wirken könnte.

RESPEKT UND EMPATHIE

Sofern es um Sitten und Gebräuche, Benimmregeln und Fragen des Stils geht, gibt es kein starres „richtig" oder „falsch". In Adolph Freiherr von Knigges bis heute höchst lesenswertem Buch *Über den Umgang mit Menschen* stehen solche Detailregeln ohnehin nicht. Aber es muss sie auch niemand mithilfe eines der zahllosen sprichwörtlichen Knigges lernen. Es kommt allein auf ein ausgeprägtes Gefühl dafür an, was in einer bestimmten Situation *angemessen* ist. In erster Linie sollten Sie dabei nicht an sich selbst und an Ihr privates Credo von Anstand und Benimm denken. Schon gar nicht an ein eventuelles Credo, dass Anstand und Benimm von gestern seien. Sondern an die Menschen, denen Sie jeweils begegnen.

Das ist keine Frage der Konvention, sondern des Respekts. So gilt es im arabischen Kulturkreis als grobe Beleidigung, anderen seine Schuhsohlen zu zeigen. Solange Sie die Füße nicht auf den Tisch legen, wird das hierzulande niemanden kratzen. Aber es macht überhaupt keine Mühe, in Ägypten seine Füße auf dem Boden zu lassen. Das ist ein typisches Beispiel für eine klare formelle Regel, die jeder kennen muss. Weshalb solche Regeln in guten Reiseführern ja auch erklärt werden. Dagegen ist es bloß ein unausrottbares Gerücht, wir seien in fremden Kulturen bei Einladungen zum Essen verpflichtet, auch extrem exotische Speisen zu kosten; andernfalls sei der Gastgeber beleidigt. Tatsächlich ist es umgekehrt: Aus Respekt vor seinen Gästen wird er darauf verzichten, ihnen geröstete Heuschrecken oder Kamelhoden anzubieten.

> Es ist unmöglich, dass ein Mensch gut sei, außer er stehe im rechten Bezug zum Gemeinwohl.
>
> THOMAS VON AQUIN

Wissen, Erfahrung und ein gewisses Maß an guter Erziehung sind wichtig. Noch wichtiger aber sind zwei weitere Fähigkeiten: Intuition und Empathie. Denn beide sind vollkommen unabhängig von verschiedenen kulturellen oder sozialen Definitionen von Anstand beziehungsweise guten Formen anwendbar.

Intuition beruht schlicht auf einer halbwegs entwickelten Beobachtungsgabe. Wie verhalten sich die anderen? Und wie reagieren sie auf mein Verhalten? Bei der Beantwortung der zweiten Frage kommt uns der Umstand sehr zu Hilfe, dass die spontanen mimischen und gestischen Anzeichen von Erstaunen, Erschrecken und Missbilligung bei allen Menschen mehr oder minder dieselben sind. So wie die meisten Menschen umgekehrt ziemlich schnell merken, *dass* sie gerade in ein Fettnäpfchen getreten sind. Selbst, wenn sie zunächst nicht genau wissen, in welches. Die einen haben für die entsprechenden Reaktionen ihrer Mitmenschen ein gutes Gespür, andere sind in diesem Punkt etwas schmerzfreier. Grundsätzlich ist Sensibilität aber etwas, das sich durchaus trainieren lässt.

Empathie ist die Fähigkeit, von sich selbst ein Stück weit abzusehen und die Dinge aus dem Blickwinkel des Anderen zu betrachten. Wenn Sie Ihrem Gegenüber buchstäblich auf die Füße treten, dann wissen Sie aus eigener Erfahrung, wie weh das tun kann. Passiert Ihnen das Gleiche im übertragenen Sinne, muss Ihnen der Grund, *warum* der andere aufstöhnt, gar nicht unbedingt einleuchten. Es genügt, ihm zuzubilligen, *dass* er gute Gründe hat. Stellen Sie sich dann etwas vor, das *Ihnen* gegen den Strich geht. So verstehen Sie, wie Ihr Gegenüber empfindet.

Anstand, angemessenes Benehmen und Stilempfinden haben schließlich viel mit Selbstbewusstsein zu tun. Und zwar in doppelter Hinsicht: Einerseits, weil ich mit einem gesunden Selbstbewusstsein die gesellschaftliche Bühne nicht zur Aufwertung meines Egos missbrauchen muss. Andererseits, weil eine gewisse Souveränität es mir ermöglicht, geltende Regeln und Konventionen flexibel zu handhaben. So muss ich zum Beispiel nicht durch eine schrille Garderobe beweisen, dass ich etwas Besonderes bin. Ich muss mich aber auch nicht aus Sorge, schräg angesehen zu werden, bis zum Erbarmen konventionell kleiden. Beides, sklavische Regeltreue wie auch übertriebener Egoismus, lautes Auftrumpfen oder Protz sind Ausdruck von mangelndem Selbstbewusstsein. Wer dagegen mit sich selbst halbwegs im Reinen ist, der kann, im Rahmen gewisser Grenzen, fast alle Regeln dehnen – und einzelne Regeln auch mal gezielt brechen. Benimmregeln sind nicht beliebig, aber variabel. Sie sollten wie ein individuell angepasstes Korsett sitzen. Das heißt: Sie sollen seinen Träger stützen, ihm aber nicht die Luft abschnüren.

Um jeden Preis aus dem Rahmen fallen zu wollen ist albern und geht anderen schnell auf die Nerven. Ebenso merkt aber jeder, wenn Sie krampfhaft versuchen, Konventionen zu entsprechen, die *Ihnen* nicht entsprechen. Denn so wie mancher in einer allzu formellen Garderobe schnell verkleidet aussieht, so wirken auch aufgesetzte Umgangsformen, Gesten oder Redeweisen wie Faschingskostüme, wenn sie nicht zum sonstigen Stil und Auftritt passen. Der locker-charmante Bonvivant muss nicht zwingend Pfeife rauchen und ausgebeulte Cordhosen tragen. Aber er sollte vielleicht auch nicht alle Damen, die ihn bislang als netten „Hallo"-Sager kennen, plötzlich mit „Gnädige Frau" und Handkuss begrüßen.

DIE GOLDENE REGEL

Nur ganz wenige Regeln gelten absolut. Die universelle Regel schlechthin ist die, nach der die Rechte und Freiheiten eines jeden ihre Grenze in den Rechten und Freiheiten des anderen finden. Wir kennen diesen Grundsatz auch als „Goldene Regel". Umgangssprachlich formulieren wir sie meist in dem saloppen, aber einprägsamen Merksatz: „Was Du nicht willst, das man Dir tu, das füg' auch keinem andern zu." Jede Religion, jede spirituelle oder philosophische Lehre, die Menschen je ersonnen haben, kennt eine Version dieser Regel. In der Bergpredigt (Matthäus 7, 1–2 und 12) formuliert Jesus sie so: „Richtet nicht, damit ihr nicht gerichtet werdet! Denn wie ihr richtet, so werdet ihr gerichtet werden. (…) Alles, was ihr also von anderen erwartet, das tut auch ihnen!"

Welche Formulierung oder welche genaue Begründung jeder Einzelne auch immer für sich wählen mag – die Goldene Regel selbst kann schlechterdings nicht bestritten werden. Sie ist nicht von anderen Überzeugungen, nicht von Religionszugehörigkeit, Weltanschauung oder individueller Lebenslage abhängig. Sie gilt für den Gläubigen ebenso wie für den Agnostiker oder den Atheisten, für den Mächtigen wie für den Schwachen, für den Milliardär wie für den armen Schlucker. Selbst wer dem nackten Recht des Stärkeren huldigt, kann die Goldene Regel nur mithilfe eines geistigen Selbstbetrugs außer Kraft setzen: Er sieht sich selbst aufgrund höherer Fügung in jener Position der Überlegenheit, die er in Wahrheit bloß einer Anzahl von Zufällen verdankt. Und er formuliert damit sozusagen die Spielregeln des Lebens, *nachdem* die Mannschaften aufgestellt und die Seitenwahl vollzogen wurde. Nur weil das in Einzelfällen Vorteile verschaffen kann, ist dieser Irrtum unausrottbar.

Wenn der Mensch so weit ist, dass er seinen Nächsten nicht mehr braucht, muss er im Paradiese sein.

HANNS-DIETRICH VON SEYDLITZ

DIE VIER KARDINALTUGENDEN

Universelle Regeln eines guten menschlichen Zusammenlebens haben ein untrügliches Erkennungszeichen: Sie sind einfach formuliert und für jeden einleuchtend. Die Zehn Gebote sind solche Regeln. Übrigens auch die vier, die sich mit dem Verhältnis des Menschen zu Gott befassen. Denn deren Kernidee – setze Dich selbst oder irgendwelche irdischen Güter nicht an die Stelle eines höchsten Gutes – sollten auch Menschen beherzigen, die mit der Vorstellung eines personalen Gottes Probleme haben. Die Bergpredigt Jesu (Matthäus 5–7), in der sich auch besagte Goldene Regel findet, ist ebenfalls eines dieser leuchtenden Lichter, die kein Mensch, gleich welchen Glaubens, unter einen Scheffel stellen sollte. Lesen Sie sie mal wieder! Sie werden erstaunt sein, wie viele bis heute gültige Regeln und Redensarten von dort stammen.

Das richtige Verständnis *von* und der richtige Umgang *mit* Regeln, Sitten und Konventionen wird zudem durch etwas erleichtert, was wir mit dem guten alten Begriff der Tugend bezeichnen. So mancher mag jetzt an zugeknöpfte Zeitgenossen denken, die schon beim Anblick einer Maibowle oder eines leicht dekolletierten Dirndls die Stirn runzeln. Doch in Wahrheit hat Tugend weder etwas mit Prüderie zu tun, noch bedarf es eines Philosophiestudiums, um zu verstehen, was das ist.

Der griechische Tragödiendichter Aischylos charakterisierte in seinem Drama *Sieben gegen Theben* den Seher Amphiaraos als tugendhaften Menschen, indem er ihn als verständig, gerecht, fromm und gut (im Sinne von „tapfer") bezeichnet. Sokrates, so berichtet sein Schüler Xenophon, soll nur zwei Haupttugenden gelehrt haben: die Frömmigkeit als das richtige Verhältnis zwischen Menschen und

Göttern sowie die Gerechtigkeit als das richtige Verhältnis der Menschen untereinander. Platon übernahm, unter anderem in seinem Hauptwerk, der *Politeia,* die Vierzahl der Tugenden von Aischylos. Doch neben die Besonnenheit, die Gerechtigkeit und die Tapferkeit setzte er anstelle der Frömmigkeit die Klugheit bzw. die Weisheit.

Platon ging davon aus, dass die menschliche Seele aus drei Teilen bestehe: Ihr „niedrigster" Teil ist der begehrende. Heute würden wir ihn den „Trieb" nennen. Ihm ordnet Platon die Tugend der Besonnenheit bzw. der Mäßigung zu, die in seinem idealen Staatsmodell die Tugend der Bauern und Handwerker, des sogenannten „Nährstands" ist. Die Tugend des eifernden Teils der Seele – moderner gesprochen: des Willens – ist die Tapferkeit. Sie wird dem „Wehrstand", den Verteidigern des Staates nach innen und außen, zugeschrieben. Klugheit bzw. Weisheit sind die Tugenden unserer Vernunft, des höchsten Vermögens unserer Seele. Folglich sind sie auch die Tugenden der in Platons Idealstaat herrschenden Philosophen, des „Lehrstands". Die Gerechtigkeit, die dadurch als oberste der Haupttugenden ausgezeichnet wird, ist das verbindende Element. Ohne sie können für Platon weder die Vermögen unserer Seele noch die Bürger des Staates in angemessener Weise zusammenwirken.

Später übernahmen auch die Stoiker – und ihnen folgend der römische Rhetoriker und Politiker Cicero – die Lehre von den Haupttugenden. Cicero nennt sie in seiner Schrift *De officiis* (Über die Pflichten) *sapientia* bzw. *prudentia* (Weisheit/Klugheit), *iustitia* (Gerechtigkeit), *fortitudo* (Tapferkeit) und *temperantia* (Mäßigung). Neben den drei göttlichen Tugenden Glaube, Hoffnung und Liebe, die der Apostel Paulus im Ersten Korintherbrief formulierte, bilden Klugheit, Gerechtigkeit, Tapferkeit und Mäßigung

Interview mit
KARDINAL CHRISTOPH SCHÖNBORN

S. E. Kardinal Dr. Christoph Schönborn (*1945) studierte Theologie und Philosophie und empfing 1970 die Priesterweihe. Seit 1995 Erzbischof von Wien, wurde er 1998 zum Kardinal kreiert und im selben Jahr zum Vorsitzenden der Österreichischen Bischofskonferenz gewählt.

Exzellenz, wie definieren Sie den Begriff „Werte"?
Von vielen werden immer wieder – zu Recht – Werte in Gesellschaft und Wirtschaft eingefordert. Das ist gut und richtig so. Lassen Sie mich dies dennoch um den Begriff der Tugend erweitern. Ich bin nämlich der Ansicht, dass wir nicht nur eine Besinnung auf die christlichen oder menschlichen Werte brauchen, sondern genauso oder vielleicht sogar noch mehr auf die Tugenden, jene Haltungen oder Fertigkeiten, die uns überhaupt erst ein moralisches Handeln ermöglichen.

Der Begriff der Tugend ist im heutigen Sprachgebrauch nicht mehr selbstverständlich …
Die einfachste Definition von Tugend, die mir bekannt ist, habe ich beim hl. Thomas von Aquin gelesen. Er sagt: „Tugend ist das, was den Menschen, der sie hat, gut macht." Schon die vorchristlichen Meister zeigen uns, dass die Tugenden ein sehr weites Feld sind. Es gibt sittliche Tugenden, Verstandestugenden, aber auch praktische Tugenden. Tugenden sind mehr als gute Gewohnheiten. Sie sind der innere Aufbau der Person, nicht etwas „Aufgesetztes", sondern innere Gestaltungskräfte, nicht ein äußeres Korsett. Tugenden sind innere Prägungen. Sie beeinflussen nicht nur unser äußeres Verhalten, sondern unser Sein. Sie machen uns gut. Hier gilt es, etwas Wichtiges zu beachten: Tugenden sind nicht

einfach fertig. Sie sind nicht einfach da. Tugenden bedürfen der Pflege und es gilt sie zu entfalten, oft durch Mühe, Überwindung, Schweiß. Wenn sie sich entfalten, dann ist es wie ein Aufblühen.

Das klingt nach einem steinigen Weg. Dabei suchen viele Menschen nach schnellen Lösungen.

Im Katechismus steht eine schöne Definition der Tugend, die ich zu der des hl. Thomas hinzufügen möchte: „Die Tugend ist die beständige, feste Neigung, das Gute zu tun" (Katechismus der Katholischen Kirche 1803). Es bedarf nicht jedes Mal einer neuen, schweren Entscheidung, etwas Gutes zu wählen und zu tun, sondern Tugend macht, dass das Tun des Guten mir zur Neigung wird. Das wird besonders deutlich in dramatischen Situationen. Dann kommt das Gute aus mir heraus wie aus einer Quelle, nicht über den Verstand, sondern sozusagen aus dem Herzen, spontan und treffsicher.

Was sollten wir demnach im Umgang mit anderen Menschen beherzigen?

Auch in der globalisierten Welt wird es letztlich immer darauf ankommen, dass Menschen einander vertrauen können, dass das Wort gilt, die Zusage hält, das Vertrauen sich bewährt. Alle rechtlichen Absicherungen dienen nur der Sicherung des Grundvertrauens in die moralische Zuverlässigkeit der handelnden Personen. Umso schlimmer ist es, wenn in der zeitgenössischen Entwicklung durch ein Übermaß an Konkurrenz und Überlebenskampf die Vertrauensbasis der Gesellschaft ausgehöhlt wird. Die Voraussetzung für alles Gelingen und Gedeihen sind die persönlichen und gemeinschaftlichen sittlichen Maßstäbe. Eine gute Gesellschaft setzt daher zuerst anständige Menschen voraus.

bis heute im katholischen Katechismus die vier „Kardinaltugenden". Der Begriff wurde von Ambrosius von Mailand (339–397) geprägt, einem der großen Kirchenlehrer. Das lateinische Wort *cardo* bedeutet „Türangel". Der Begriff deutet also an, dass sich um diese Tugenden alles dreht.

Klugheit und Gerechtigkeit

Lösen wir uns von Platons dreigliedrigem Modell der Seele, dann entsprechen die Kardinaltugenden den vier Grundkräften des Menschen. Unsere beiden geistigen Grundkräfte sind Verstand und Wille. Der Verstand ohne Klugheit, das heißt ohne die Fähigkeit, unserer Erfahrung und unserem Wissen Form und Struktur zu geben, würde sich hilflos um sich selbst drehen. Immanuel Kant hat das in seiner *Kritik der reinen Vernunft* auf die einprägsame Formel gebracht: „Gedanken ohne Inhalt sind leer, Anschauungen ohne Begriffe sind blind."

Unseren Willen muss die Tugend der Gerechtigkeit leiten. Nur so sind wir in der Lage, unserem Wollen die richtigen Ziele zu setzen und den richtigen Weg zum Ziel zu erkennen. Denn Wille ohne Gerechtigkeit geht – und zwar oft ganz buchstäblich – über Leichen. Mehr zur emotionalen Natur des Menschen gehören der Zorn und das Begehren bzw. der Trieb, die durch die Tapferkeit bzw. die Mäßigung im Zaum gehalten werden.

Die Haupttugend schlechthin ist die Klugheit. Klug zu sein bedeutet, das rechte Wissen zu haben, grundsätzlich zwischen richtig und falsch unterscheiden zu können. Dass das in vielen Fragen nicht so schwer ist wie wir oft denken, lässt sich daran erkennen, dass es ein schlechtes Gewissen gibt. Nicht jenes, das uns zwickt, wenn wir ein Bier oder ein Stück Torte zuviel genossen haben. Sondern dasjenige, was jeden plagt, der wirkliches Unrecht begangen hat. Zur Klugheit gehören Verantwortungsbewusstsein, ein Gespür für die konkreten Gegebenheiten und deren Bezug zum Ganzen. Im Sinne von Urteilsvermögen, Entscheidungskompetenz und Realitätssinn ist die Klugheit ein Kind der Lebenserfahrung. Klugheit ist nicht besserwisserisch, nicht ideologisch und nicht dogmatisch. Der Kluge weiß aus Erfahrung und innerer Reife, wie die Dinge und wie die Menschen sind. Er versucht daher, eine Sache oder einen anderen Menschen zu verstehen, bevor er urteilt und handelt. Wer dagegen nur seine eingefahrene Weltsicht auf das Leben überträgt, der wird weder den Umständen und den Menschen angemessen begegnen noch wirklich zum Ziel kommen.

Mit all dem übt die Klugheit eine wichtige Vermittlerrolle zwischen den Verstandes- und den Willenstugenden aus. Wir können den anderen erst verstehen, wenn wir gerecht sind. Das heißt eben auch: Wenn wir ihm gerecht werden. Wir müssen tapfer sein, das heißt den Mut haben, den Dingen ins Auge zu schauen. Und wir brauchen das rechte Maß, um angemessene Schritte zur Umsetzung unserer Entscheidungen zu unternehmen. Die Klugheit wird daher auch die *auriga virtutum* genannt, die Wagenlenkerin der anderen Tugenden.

Die zweite der Tugenden ist die Gerechtigkeit, die wesentlich mehr umfasst als den Buchstaben des Gesetzes. Gutes zu tun ist eben mehr, als Böses zu unterlassen. Wie oft kommt es vor, dass jemandem Unrecht geschieht, ohne dass gegen ein Gesetz verstoßen würde. Das eine ist es, sich an Gesetze, Normen oder Regeln zu halten. Und hier macht es noch einen großen Unterschied, ob ich das tue, weil ich deren Sinn einsehe, oder nur, weil ich mich vor

Strafen oder Sanktionen fürchte. Im zweiten Fall ist es nämlich mit der Gerechtigkeit vorbei, wenn das Risiko, „erwischt" zu werden, gering ist. Regeln, die ich verstehe, kann ich dagegen aus innerer Überzeugung befolgen. Aber es bleiben von außen gesetzte Regeln. Deren Einhaltung verhindert sozusagen nur Übertretungen „nach unten".

Doch die Tugend ist ihrem Wesen nach auf Höchstleistung ausgerichtet. Das ist im Prinzip wie im Sport. Jeder Sportler weiß, dass nur einer Erster werden kann – und dass das häufig ein anderer sein wird. Aber nur indem ich die Bestmarke anstrebe, werde ich tatsächlich besser. Selbst wenn ich des Öfteren nur im guten Mittelfeld lande. Ebenso ist es mit der Einübung der Tugend. Aus innerem Antrieb heraus gut zu handeln ist eine anspruchsvolle Aufgabe, die nicht nur der Einsicht, sondern vor allem der Übung bedarf. Indem ich beständig nach dem Guten – und das heißt: nach dem Besten für mich *und* meine Mitmenschen – strebe, trainiere ich meine Befähigung zur Tugend. Ich versuche mir sozusagen anzugewöhnen, anständig, gut, gerecht und mit Augenmaß zu handeln. Mit der Zeit wird daraus eine eingewurzelte innere Neigung, auf die ich mich in ähnlicher Weise verlassen kann, wie der Sportler auf seine trainierten körperlichen und mentalen Kräfte. Insbesondere wenn ich in schwierigen Situationen oder unter Druck entscheiden muss, was richtig wäre, wird mich diese Einstellung recht gut leiten.

Gerechtigkeit bedarf der Barmherzigkeit, sonst wird sie fanatisch. Thomas von Aquin hat das wunderbar formuliert: „Weil Gerechtigkeit ohne Barmherzigkeit Grausamkeit und Barmherzigkeit ohne Gerechtigkeit die Mutter allen Chaos ist, deshalb müssen beide miteinander verbunden werden." Thomas lehrt uns noch mehr: Gerechtigkeit heißt nicht nur, das Seine einzufordern, sondern auch, dem Wohl des Ganzen gerecht zu werden. Zu den Rechten gehören auch Pflichten, zum Anspruch die Schuldigkeit und zur Freiheit die Verantwortung. Insofern schafft die Gerechtigkeit auch einen Ausgleich zwischen Individualismus und Kollektivismus. Schließlich und endlich ist Gerechtigkeit nur im Zusammenspiel mit den drei anderen Kardinaltugenden erreichbar: Ohne Tapferkeit wäre das Recht nicht durchsetzbar, ohne Klugheit, das heißt ohne Einsicht, lässt sich das Recht nicht angemessen anwenden, und ohne das rechte Maß laufen wir Gefahr, unser eigenes Recht zu überschätzen.

Tapferkeit und Mäßigung

Im allgemeinen Sprachgebrauch gilt die Tapferkeit wohl hauptsächlich als soldatische Tugend. Aber Tapferkeit meint auch, dass wir uns nicht entmutigen lassen, dass wir wieder aufstehen, wenn wir am Boden liegen. Niederlagen gibt es immer, aber wir brauchen Mut, um weiterzumachen. Tapferkeit meint das Aushalten von Leid, den Widerstand gegen die Traurigkeit, das Aushalten der Angst vor dem Tode, die Bereitschaft, notfalls für höhere Werte auch Gefahren und Opfer auf sich zu nehmen. Sie ist der Mut, der die Angst kennt, sie aber überwindet. Denn an sich ist die Angst ein sinnvoller Instinkt. Jemand, der nie Angst hat, reagiert nicht normal. Aber allein im Überwinden der Angst wachsen wir über uns hinaus. Wenn wir innerlich gefestigt sind, dann sind wir stark. Und tapfer.

Bevor das jemand missversteht: Es geht nicht um Lust am Leiden. Wohl ist Tapferkeit auch die Tugend der Märtyrer. Thomas Morus, der ehemalige Lordkanzler von Heinrich VIII., der von diesem wegen seines Widerstandes gegen die Abspaltung der anglikanischen Kirche hingerichtet wurde, hatte stets betont, dass wir verpflichtet seien, all unsere Geschicklichkeit einzusetzen, um dem Märtyrertum zu entgehen. Aber wenn es nicht anders geht, dann soll man ihm aufrecht und tapfer entgegengehen. Gesundheit, Glück und Erfolg sind Güter, die wir nicht leichtfertig wegwerfen dürfen. Aber wir dürfen sie aufs Spiel setzen, wenn es darum geht, höhere Güter zu bewahren.

Heute droht uns nicht mehr der Scheiterhaufen, wenn wir eine abweichende Meinung vertreten. Es wird niemand mehr den Löwen zum Fraß vorgeworfen, wenn er sich gegen den Zeitgeist stellt. Obwohl uns hier durchaus Bescheidenheit ansteht: Denn auch bei uns ist es wahrlich keine Ewigkeit her, dass Menschen für ihre Meinung ins Gefängnis gehen mussten. Heute haben wir dafür die Medien als modernen Pranger. Wer in Presse und Fernsehen öffentlich geschlachtet wird, der braucht auch ein ordentliches Maß an Tapferkeit, um das durchzustehen.

Die vierte Tugend ist das Maßhalten. Natürlich lebt unsere Wirtschaft vom Wettbewerb, davon, dass wir mehr haben wollen. Dagegen ist auch nichts zu sagen. Aber trotzdem sollte jeder regelmäßig überprüfen, ob er wirklich unbedingt all das braucht, an was er gerade sein Herz hängt. Es kann sehr befreiend sein, sich manchmal mit einfachen Dingen zu begnügen und auf Sachen zu verzichten, die mehr Schein als Sein sind.

Das rechte Maß, die *temperantia*, ist die langsamste Tugend in unserem Vierergespann. Sie zwingt die anderen, sich nicht gegenseitig zu behindern, den Wagen in die gleiche Richtung zu ziehen – und dabei seine Kräfte nicht unnötig bzw. für Unnötiges zu vergeuden. Übrigens auch nicht, um unnötigen Konventionen, überkommenen Sitten und einengenden Formalitäten zu entsprechen.

NEUES AUS DER GURKENTRUPPE

Über den Mangel an Umgangsformen und Respekt in der Politik

Gute Polemik ist das Salz in der Suppe jeder politischen Auseinandersetzung. Aber sie macht die Suppe nicht fett, sie würzt sie nur. Häufig neigen Politiker ja zu sprachlichen Bildern, die umso abgenutzter wirken, je treffsicherer sie sein wollen. Und wenn sie direkt auf ihre politischen Rivalen – gern auch in den eigenen Reihen – zielen, greifen sie vorzugsweise zum Säbel statt zum Florett. Polemik ist aber vor allem dann gut, wenn sie mit Hintersinn stichelt, ohne in Pöbelei oder persönliche Beleidigungen auszuarten.

Franz Josef Strauß war sicher einer der größten politischen Poltergeister der Republik. Nicht nur auf grobe Klötze setzte er gerne grobe Keile. Doch ebenso war Strauß ein Meister intelligenter Polemik. Diese zeichnet sich ja nicht dadurch aus, dass sie allgemein verbreitete Meinungen in höfliche Worte fasst, sondern dadurch, dass sie Standpunkte, die jemand selbst für völlig falsch hält, negativ überzeichnet. Daher darf eine bekannte Strauß'sche Sottise aus dem Jahr 1983 zu den besseren politischen Witzen zählen: „Was passiert, wenn in der Sahara der Sozialismus eingeführt wird? Zehn Jahre überhaupt nichts, und dann wird der Sand knapp." Seine Charakterisierung der FDP als „Schwanz, der gleichzeitig mit zwei Hunden wedelt" enthielt angesichts des damaligen Spiels der Liberalen mit ihren Koalitionsoptionen sogar jenes Körnchen Wahrheit, das Polemik erst so richtig treffend macht. Ebenso wie Strauß' Spott über Helmut Schmidt, der als Abgeordneter, Minister und Kanzler nicht gerade für seine Liebenswürdigkeit gegenüber politischen Gegnern bekannt war: „Im Vergleich zu Helmut Schmidt war Wilhelm II. geeignet, eine Diplomatenschule zu leiten."

Mit 58 Ordnungsrufen in 34 Parlamentsjahren ist der legendäre SPD-Fraktionsvorsitzende Herbert Wehner bis heute einer der meistgerügten Abgeordneten in den Annalen des Bundestages. Den CDU-Verteidigungsexperten Georg Kliesing bezeichnete er einmal als „geistiges Eintopfgericht". Der witzige Spruch überlebte bis heute. Er wäre allerdings weit treffender gewesen, hätte der Gemeinte nicht 1932 im Alter von 21 Jahren glanzvoll in Philosophie promoviert. Auch Wehners „Frühstücksverleumder" (1979 zu Innenminister Friedrich Zimmermann, CSU) konnte sich im Polit-Vokabular halten. Doch seine berüchtigten Wortspiele mit den Namen attackierter CDU-Kollegen (Jürgen Wohlrabe: „Übelkrähe"; Jürgen Todenhöfer: „Hodentöter") belegen vor allem eines: die Gültigkeit der Regel, mit Namen besser keine Witze zu machen.

> Was moralisch falsch ist, kann politisch nicht richtig sein.
>
> WILLIAM GLADSTONE

Ein polemischer Fechtkünstler war und ist auch Joschka Fischer. Gewiss: Der Grüne konnte ebenfalls kräftig austeilen. So titulierte er einmal einen Abgeordneten der CSU als „christliche Dreckschleuder". Im Gegenzug musste er sich von Verteidigungsminister Rupert Scholz (CDU) einen „alternden Lümmel" nennen lassen. Doch wie Fischer die damalige Umweltministerin Angela Merkel 1995 zur „brennstabpolitischen Sprecherin der Bundesregierung" degradierte, das zeugte wirklich von hintersinnigem Witz – unabhängig von der Beurteilung ihrer politischen Leistungen oder der eigenen Haltung zur Atomenergie. Ebenso, wie Joschka Fischer einst hinterlistig einen gleichermaßen verbreiteten wie geschmacklosen Fäkalausdruck adelte, als er dem Vizepräsidenten des Deutschen Bundestags, Richard Stücklen (CSU), 1984 zurief: „Mit Verlaub, Herr Präsident, Sie sind ein Arschloch." Den folgenden scharfen Ordnungsruf nahm er als Kompliment. Doch vor allem entschuldigte er sich sofort nach der Sitzung formvollendet beim Beschimpften.

Die Frage ist, welche Übersetzung der Polemiker dem griechischen Wort πόλεμος zugrunde legt: „Streit" oder „Krieg". Betrachte ich das Ziel meiner Polemik als Gegner, den ich – bei allem Respekt – auch mal hart anfassen darf? Oder sehe ich in ihm den Feind, den es zu besiegen, am Ende gar persönlich zu vernichten gilt? Gerade in einer offenen und demokratischen Gesellschaft fällt die Antwort eindeutig aus: Selbst extreme politische Meinungsverschiedenheiten setzen die Regeln des respektvollen und anständigen Umgangs miteinander nicht außer Kraft. Demokratische Politik ist „res publica", also eine öffentliche Sache. Ein Verfall der Sitten in der Politik vergiftet daher zunächst *jede* öffentlich oder halböffentlich geführte Debatte – und am Ende auch den persönlichen Umgang der Menschen miteinander. Insofern ist die Vorbildfunktion der Politik keineswegs eine hohle Phrase.

In der Sache darf, ja muss der politische Streit mit aller nötigen Härte geführt werden. Denn inhaltsleere Parolen und Wischiwaschi-Gerede anstelle von kontroversen Positionen und deutlich unterscheidbaren Vorschlägen machen es dem Bürger nur unnötig schwer, sich eine Meinung zu bilden – und am Ende auch klare (Wahl-)Entscheidungen zu treffen. Seine eigenen Meinungen, Ideen oder Initiativen zu loben, ist in der Politik freilich ein wenig einträgliches Geschäft. Der eigene Stern leuchtet schlicht heller, wenn die Gegenseite so finster wie möglich dargestellt wird. Doch auch deutliche Worte wirken besser auf dem Fundament halbwegs belastbarer Argumente und Fakten, die so wenig wie möglich verbogen wurden. Letztlich gibt es zwar keine objektive politische Wahrheit. Aber sowohl auf der Rechnung des Konservativen wie des Sozialisten sollte zwei plus zwei doch möglichst vier ergeben.

Allerdings gehört auch der persönliche Angriff auf den politischen Gegner zum Alltag der Demokratie. Etwa indem wir ihm unterstellen, dass er in Wahrheit ganz andere Absichten verfolge als jene edlen, die er selbst so schön formuliert. Oder dass er vollkommen unfähig oder nicht willens sei, die wahren Probleme überhaupt zu erkennen. Doch diese Attacken sollten auf den Politiker nur insofern zielen, als er bestimmte Meinungen, Ideen, Weltanschauungen oder, was ebenfalls legitim ist, Interessen vertritt. Tabu muss dagegen der persönliche Angriff auf den privaten Menschen sein.

DER FLUCH DER MITTE: POLARISIERUNG DURCH SCHLECHTES BENEHMEN?

In den letzten Jahren ist etwas Bemerkenswertes passiert: Im Vergleich mit den harten politischen Grundsatzkonflikten der Nachkriegszeit oder auch noch der Achtziger- und Neunzigerjahre des 20. Jahrhunderts liegen die großen politischen Parteien der Bundesrepublik in der Sache heute oft nah beieinander. Die allermeisten Politiker tummeln sich in der vergleichsweise friedlichen politischen Mitte und streiten eher um Details. Ton und Stil der politischen Auseinandersetzung sind dafür vielleicht nicht härter, aber schriller und für mein Gefühl auch ordinärer geworden. Die Boulevardpresse, eine Flutwelle von Talkshows und soziale Medien wie Facebook oder Twitter sorgen zudem dafür, dass selbst kleinlichste Streitereien und abgeschmackteste Gemeinheiten sofort den Weg in die breite Öffentlichkeit finden. Sodass ich als Bürger häufig das Gefühl habe, dass unsere Politiker überall da mit rabaukenhaftem Benehmen zu polarisieren versuchen, wo ihnen Auseinandersetzungen in der Sache zu kompliziert oder Kontroversen allzu riskant zu sein scheinen.

Ein Indiz für diese Entwicklung lieferten in den Jahren 2009 bis 2012 ausgerechnet die Umgangsformen innerhalb jener Regierungskoalition aus CDU, CSU und FDP, die sich selbst als „bürgerlich" bezeichnet – und die von daher eigentlich einen gewissen Sinn für Stil und Anstand haben sollte. „Bürgerliche Parteien müssen bürgerliche Umgangsformen finden", erklärte Bundeskanzlerin Angela Merkel damals in einer Koalitionsrunde. Die treffende Feststellung ergänzte sie freilich selbst sehr unbürgerlich, indem sie bekundete, den internen Umgang ihrer Regierungspartner „Sch***" zu finden.

Was war passiert? Die FDP hatte für die Einführung einer Gesundheitsprämie bei den Beiträgen zur Gesetzlichen Krankenkasse plädiert. Derartige Prämien gibt es bei den meisten privaten Krankenversicherungen. Die CSU war seinerzeit gegen diesen Vorschlag. Das mag man sehen, wie man will. Der damalige Staatssekretär im Gesundheitsministerium, Daniel Bahr (FDP), ließ daraufhin vernehmen, die CSU sei mal wieder „als Wildsau aufgetreten". Und FDP-Generalsekretär Christian Lindner attestierte dem CSU-Vorsitzenden Horst Seehofer nicht etwa eine abweichende Meinung in einer Detailfrage, sondern gleich „ein persönliches Trauma". Woraufhin sein CSU-Kollege Alexander Dobrindt zurückätzte, die FDP entwickle sich zur „gesundheitspolitischen Gurkentruppe".

Wie andere, ähnliche Reibereien zwischen Liberalen und Christsozialen war das von eher begrenztem Unterhaltungswert. Zur Wahrheitsfindung in der Sache trug es ohnehin wenig bei. Weshalb das Thema denn auch bald unerledigt zu den Akten gelegt wurde. Doch das Klima in der Koalition war vergiftet – und die Wirkung des rhetorischen Tomatenwerfens in der Öffentlichkeit fatal.

Demütigend und stillos war auch ein Patzer des ansonsten so verbindlich auftretenden Finanzministers Wolfgang Schäuble im November 2010. Offenbar gereizt durch nächtelange Krisensitzungen zur Euro-Rettung machte er auf einer morgendlichen Pressekonferenz seinen Ministeriumssprecher Michael Offer vor den versammelten Hauptstadtjournalisten nieder: „Reden Sie nicht, Herr Offer, ich komme wieder, wenn die Zahlen verteilt sind.“ Dass der derart Bloßgestellte wenige Tage später demissionierte, zeigte immerhin, dass da einer seinen Sinn für Anstand, Respekt und gute Formen noch nicht verloren hatte.

Das bisherige Ende der verbalen Fahnenstange markierte freilich Kanzleramtsminister Ronald Pofalla (CDU) im Oktober 2011. Dabei erwies er sich als bedauerlich getreuer Kenner der ironischen Steigerung „Freund, Feind, Parteifreund“. Damals musste die Koalition bei einer Abstimmung über die Aufstockung des Euro-Rettungsschirms EFSF um ihre eigene Mehrheit im Bundestag bangen. Eine Reihe von Abgeordneten der CDU und der FDP hatten angekündigt, dagegen zu stimmen. Unter ihnen war der Vorsitzende des Innenausschusses, Wolfgang Bosbach. Nach einer Probeabstimmung der nordrhein-westfälischen CDU-Parlamentarier hatte Pofalla auf dem Weg zum Ausgang Bosbach vernehmlich angezischt: „Ich kann deine Fresse nicht mehr sehen. Du redest ja doch nur Sch***.“ Um dann auf dem Flur ebenso lautstark wie

Das unfehlbarste Mittel, Autorität über die Menschen zu gewinnen, ist, sich ihnen nützlich zu machen.

MARIE VON EBNER-ESCHENBACH

fantasielos nachzulegen: „Du machst mit deiner Sch*** alle Leute verrückt.“ Der völlig verdatterte Bosbach verwies höflich darauf, dass das Grundgesetz jeden Abgeordneten auf sein Gewissen verpflichte. Und für ihn sei ein massiver Eingriff in die Budgetrechte des Parlaments eben eine Gewissensfrage. Darauf wurde er zum dritten Mal mit besagtem Fäkalwort abgefertigt.

Es hatte sich um die bis dato heftigste, nicht aber um die erste verbale Entgleisung Pofallas gehandelt. Immerhin entschuldigte sich der Kanzleramtschef damals glaubwürdig. „Ich ärgere mich selbst sehr über das, was vorgefallen ist, und es tut mir außerordentlich leid“, sagte er der *Bild*-Zeitung. Und er scheint dazugelernt zu haben, hielt er sich doch seitdem öffentlich überaus bedeckt.

STRESS UND STREIT

Handelt es sich bei den geschilderten Fällen um Ausrutscher? Oder müssen wir einen allgemeinen Verfall der Umgangsformen in der Politik diagnostizieren? Nun, beinahe jeder dürfte sich in einem Streit oder unter Stress schon mal im Ton vergriffen haben. Gerade im Umgang mit Leuten, die wir kennen und die uns kennen, legen wir unsere Worte nicht immer auf die Goldwaage. Das ist selbstverständlich keine Entschuldigung für Grobheiten aller Art. Aber im kleinen Kreis lassen sich verbale Ausreißer nun mal leichter einfangen als in halböffentlichen oder öffentlichen Zusammenhängen. Die eigene Erfahrung lehrt uns aber auch, dass durch persönliche Boshaftigkeiten Konflikte unnötig verschärft werden. Rücken doch die damit verbundenen Verletzungen alles andere schnell in den Hintergrund. Wohl hat auch jeder Mensch seinen persönlichen Siedepunkt. Doch die Zeitgenossen, die angesichts drückender Probleme stets ebenso gelassen bleiben wie in stürmischen Debatten oder gegenüber keifenden Kontrahenten sind leider in der Minderheit. Weshalb es wohl vermessen wäre, solche Souveränität ausgerechnet von Politikern zu erwarten. Finden sich doch unter ihnen naturgemäß besonders viele extrovertierte und streitlustige Typen, während es die Leisen und Bedächtigen in der Politik generell eher schwer haben.

Wesentlicher scheint mir etwas anderes zu sein. Politische Entscheidungen werden heute mehr denn je unter extremem Zeit- und Erwartungsdruck getroffen. Etwa im Zuge der Eurokrise: Komplexe Fragen der Wirtschafts-, Finanz- und Währungspolitik mussten und müssen da häufig in endlosen Nachtsitzungen entschieden werden, damit „die Märkte" – sprich: die morgens öffnenden Börsen – ihre „beruhigenden Signale" bekommen. Abstimmungen wurden und werden dabei im Schnellverfahren durchgeführt. In aller Frühe bekommen unsere Abgeordneten dickleibige Gesetzentwürfe auf den Schreibtisch. Selbst für Experten ist es nahezu unmöglich, diese in ein, zwei Stunden zu lesen, geschweige denn auch nur im Ansatz zu verstehen. Vormittags wird eine Entscheidung in erster und zweiter, am Nachmittag in dritter Lesung durchs Parlament geboxt. Da ist es nur allzu menschlich, wenn dem einen oder anderen mal die Pferde durchgehen.

Ebenso wäre es eine Illusion zu glauben, dass früher hinter den Türen politischer Gremien nie ein böses Wort gefallen wäre. Der Unterschied zu heute: Wir haben es zumeist nicht mitbekommen. Denn die Beteiligten haben es nicht, oder wenn, dann erst sehr viel später kolportiert. Nur in Ausnahmefällen wurden Details aus harten internen Debatten der Presse zugespielt. Und dann waren solche Indiskretionen meist Teil einer politischen Strategie. Und zu der gehört leider auch die Diskreditierung politischer Gegner und Rivalen. Doch unter dem erhöhten Druck wachsender internationaler Verflechtungen und allgegenwärtiger Medien scheint diese Methode immer mehr von der Ausnahme zur Regel zu werden.

Früher wurde hauptsächlich über die Ergebnisse politischer Beratungen berichtet. Hindernisse auf dem Weg zur Entscheidung blieben dem Normalbürger weitgehend verborgen. Wer mehr wissen wollte, als sich aus Fernsehinterviews im Stile von „Herr Bundeskanzler, gestatten Sie mir die Frage …" heraushören ließ, der musste schon regelmäßig den *SPIEGEL* lesen. Den nannte übrigens ein mir bekannter Politiker vor längerer Zeit einmal sehr schön „das Blatt für Abgeordnete, die bei den wirklich wichtigen Sitzungen der Vorwoche nicht dabei waren". Dort – oder auch auf den Hintergrundseiten der überregionalen Tageszeitungen – stand dann, was *vor* öffentlichen Debatten in Expertenrunden, Fraktionen und Ausschüssen oder im Kabinett besprochen worden war.

DIE ALLGEGENWART DER MEDIEN UND IHRE FOLGEN

Heute findet Politik rund um die Uhr unter öffentlicher Beobachtung statt. Selbst ich kann mich kaum noch an jene Zeiten erinnern, zu denen eine Tageszeitung die aktuellste Quelle für politische Informationen war. Und da hing es noch vom Redaktionsschluss ab, ob sich Meldungen und Artikel auf den gestrigen oder den vorgestrigen Tag bezogen. Die öffentliche Meinungsbildung stützte sich im Wesentlichen auf wenige überregionale Blätter – und auf das schon genannte, lange Zeit konkurrenzlose Hamburger Nachrichtenmagazin. Dank *Tagesschau* und *heute* konnten sich die Bürger dann am Abend desselben Tages aktuell informieren. Doch aufgrund der recht steifen Art ihrer Präsentation hielten viele Zuschauer die Moderatoren lange Zeit für eine Art Regierungssprecher. Der Siegeszug des Privatfernsehens brachte dann nicht nur seichte Unterhaltung, er sorgte alsbald auch dafür, dass rund um die Uhr gesendet wurde und wird. Und die deutschen Fernsehnachrichten wurden zugleich „amerikanischer": lockerer moderiert, bildlastiger, unterhaltsamer. Mit *CNN international* (in englischer Sprache) und dem deutschen Sender *n-tv* kamen 1985 beziehungsweise 1992 zudem reine Nachrichtenkanäle auf.

Warum aber noch auf die Hauptnachrichten oder eine Zeitung warten, wenn jede halbwegs bedeutende Pressekonferenz irgendwo live übertragen wird? Wenn vor Ministerien und Parteizentralen beinahe ständig Menschen mit Mikrofonen auf verwertbare Statements warten. Wo doch jeder Bürger im Internet heute fast ebenso schnell die wichtigsten Meldungen auf dem Schirm hat wie professionelle Redaktionen den Ticker ihrer Presseagentur. Wenn sich auch Bundesminister höchstpersönlich über den Kurznachrichtendienst Twitter verbreiten – und ihre maximal 140 Zeichen Meinung oder Information sofort flächendeckend „weitergezwitschert" werden. Und wenn in jeder Sitzung, in jeder „Krisenrunde" jemand sitzt, der Vertraulichkeiten, verbale Ausrutscher und schale Witze sofort per SMS einem größeren Kreis mitteilt – in dem sich fast immer weitere Menschen mit großem Mitteilungsdrang finden. Es sei „schlimm, was al-

Niemand hat die Kraft so viel Schlechtes zu tun, wie man ihm nachsagen kann.

HANNS-DIETRICH VON SEYDLITZ

les aus internen Sitzungen nach draußen getragen" werde, wurde kürzlich ein Vertrauter von Bundeskanzlerin Angela Merkel in der *WELT am SONNTAG* zitiert; und noch schlimmer sei, „dass es immer stimmt". Dass selbst die Kardinäle der katholischen Kirche vor einem Konklave auf Handys gefilzt werden müssen, ist von daher ein wirklich bemerkenswertes Zeitzeichen.

Was auch auf der Welt geschieht, ob Naturkatastrophe oder Bombenanschlag, Regierungskrise oder Börsenkrach, es geht heute sofort als „Breaking News" – und auch das heißt leider: weitgehend ungefiltert – über den Sender. Sagt ein leidlich wichtiger Politiker um neun etwas Substanzielleres als „Guten Morgen", hören wir es spätestens um zehn im Radio oder im Fernsehen. Mit dem Siegeszug der Online-Medien hat die Eilmeldung – oft genug auch das vage Gerücht – die seriös recherchierte und mehrfach geprüfte Nachricht endgültig verdrängt. Die Folge ist Politik in Echtzeit. Aktion, Reaktion und deren Kommunikation finden beinahe gleichzeitig statt.

DIE ENDLOSSCHLEIFE DES PALAVERS

Da aber Politik größtenteils darin besteht, dass die Akteure miteinander (und immer häufiger übereinander) reden, hat die öffentlich zelebrierte kommunikative Endlosschleife natürlich politische Rückwirkungen. Bevor etwa in irgendeiner Sitzung überhaupt irgendetwas besprochen oder beschlossen wird, rammt einer der Beteiligten im Frühstücksfernsehen schon mal einen Pflock zum Thema ein – wohl wissend, dass seine Bemerkungen binnen Minuten über die Ticker aller Agenturen gehen und im Internet verbreitet werden. Sodass sowohl die Entscheidungsfindung als auch die öffentliche Meinung zum Thema sehr stark vom Wind persönlicher Statements getrieben werden. Kaum ein Vorschlag ist wirklich ausgearbeitet, kaum eine Meinung noch einmal gründlich durchdacht worden, da werden sie schon wieder zerredet. Und das nicht einmal zwingend auf der Grundlage wirklicher Kenntnisse dessen, was bisher gesagt wurde.

Das Gebot der Stunde lautet „Transparenz". Auf den ersten Blick klingt das vernünftig. Mehr noch: Der Politik als „res publica" scheint es wesenhaft angemessen zu sein, dass „alles" öffentlich ist. Wie soll ich mir schließlich über eine Sache eine Meinung bilden, wenn nicht alle Fakten auf dem Tisch liegen, wenn ich die dahinter stehenden Interessen nicht erkennen kann, und wenn ich nicht möglichst viele andere Meinungen gehört habe? In Wahrheit geht der Schuss jedoch oft nach hinten los. Statt gründlich die wirklich wichtigen Themen zu diskutieren, wird jeden Tag, wenn nicht zu jeder vollen Stunde, eine neue Sau durchs Dorf getrieben. So versinken die entscheidenden Fakten und Meinungen häufig in einem Sumpf von Nebensächlichkeiten. Interessenvertreter vernebeln ihre Interessen lieber, als dass sie sie offen und verständlich darlegen. Meinungsbildung wird durch Stimmungsmache ersetzt. Und letztere unterscheidet sich kaum noch von professioneller Werbung und PR.

Endergebnis: Anstelle sachlicher öffentlicher Diskussionen hören wir nur noch ein allgemeines Palaver. Und weil das endlose Debattieren aller mit allen letztlich nicht nur fruchtlos, sondern für die Beteiligten furchtbar anstrengend ist, liegen deren Nerven irgendwann blank. Sodass es nicht wirklich überrascht, wenn ausgerechnet in jener Partei der raueste Ton herrscht, die sich Transparenz und permanente Beteiligung aller an einem Thema

Interview mit
MICHAEL OPOCZYNSKI

Michael Opoczynski (*1948) ist Politikwissenschaftler und Journalist, Buchautor, Moderator („WISO") und Leiter der Wirtschaftsredaktion des ZDF. Er lebt in Mainz, ist verheiratet und hat einen Sohn.

Nach wie vor leidet die Welt unter den Folgen der Finanzkrise. Wäre sie zu vermeiden gewesen, wenn in der Wirtschaft nicht das Gefühl für Anstand verloren gegangen wäre?
So generell würde ich die Frage nicht stellen. Neben der Finanzwirtschaft gibt es ja auch noch die produzierende Wirtschaft oder die sogenannte Realwirtschaft. Da geht es nach meiner Beobachtung insgesamt ziemlich gut zu. Allgemein kann man vielleicht sagen: Je mehr Unternehmertum vorhanden ist, umso anständiger wird gewirtschaftet, je mehr es nur noch um Management geht, umso problematischer wird es. Während der Finanzkrise aber war nicht in erster Linie der mangelnde Anstand das Problem, sondern der Mangel an Regeln.

Wie wichtig sind Kategorien wie Anstand und Respekt in einer kapitalistischen Gesellschaft überhaupt?
Wenn man von Kapitalismus spricht, unterstellt das den Kapitalisten, den es aber so kaum gibt. Ich habe viele Menschen kennengelernt, die man Kapitalisten nennen könnte, und es waren viele anständige dabei. Wenn ich Unternehmer kennenlerne, bin ich immer wieder beeindruckt. Anstand und Respekt sind sicher nicht für jeden existenziell. Aber wer sie pflegt, kommt auch im Wirtschaftsleben auf lange Sicht eindeutig weiter.

Stichwort Steuern: Kann man angesichts der enormen Belastung der Bürger nicht verstehen, wenn manche versuchen, sich der Steuerpflicht zu entziehen?

Theoretisch nachvollziehen lässt sich das, doch akzeptieren kann man es nicht. Egal, ob bei Steuern, bei Unterhalt oder anderen Belastungen – man darf sich nicht seinen Pflichten entziehen. Übrigens ist es oft nicht das Problem, dass diese Belastungen so enorm wären: Die meisten Menschen haben vor allem Schwierigkeiten damit, dass sie selbst zahlen sollen, während andere sich praktisch komplett aus der Verantwortung stehlen – wenn etwa Großkonzerne durch raffinierte Tricks ihre Steuern auf nahezu Null reduzieren.

Was hebt anständig wirtschaftende Firmen von anderen ab?

Es gibt Firmen, die nur auf die Rendite schauen. Es gibt andere Firmen, die vor allem ihr Produkt im Blick haben, das ist ein wichtiger Faktor. Und es gibt Unternehmen, die erkannt haben, dass man außerdem seine Belegschaft gut behandeln muss und dass das sogar zu besseren Leistungen führt. Ertrag ist wichtig. Eine anständige Firma achtet aber auch darauf, dass die Mitarbeiter und die Kunden nicht zu kurz kommen.

Worauf achten Sie als Kunde oder als Geschäftspartner besonders?

Als verantwortungsbewusster Kunde sollte ich darauf achten, wie eine Firma funktioniert: Wie behandelt ein Unternehmen seine Mitarbeiter, seine Lieferanten, die Umwelt? Natürlich müssen Preis und Qualität stimmen. Für mich persönlich ist zudem das Image einer Firma wichtig, also die Frage, wie eine Marke in der allgemeinen Wahrnehmung wirkt, doch das macht mich auch anfällig, weil ich dadurch oft zu wenig auf die genannten Fakten schaue: Ich bin als Kunde also auch egoistisch und kritisiere mich dafür selbst.

Interessierten auf ihre Fahne geschrieben hat: in der Piratenpartei. Während ihres kometenhaften Aufstiegs (und ebenso kometenhaften Absturzes) in den Jahren 2012 und 2013 ersetzten Gerüchte, Intrigen, Verschwörungstheorien, üble Nachreden und persönliche Beleidigungen nicht selten die inhaltliche Auseinandersetzung.

WENN ALLE REDEN, …

Was tagsüber in Gremien, Expertenrunden oder Presseterminen, ferner bei Facebook, Twitter sowie in Internetforen und Polit-Blogs noch nicht beredet worden ist, wird abends noch einmal durch die Mühle des Gesprächsfernsehens gedreht. An der Diagnose, dass wir immer weniger in einer parlamentarischen und immer stärker in einer Talkshow-Demokratie leben, ändert es längst nichts mehr, wenn ein Sender mal ein Exemplar dieser Gattung opfert. Erst recht ändert es nichts daran, dass uns als Bürgern viele Themen und Probleme längst zu den Ohren herauskommen, wenn die Sache ansatzweise reif zur Entscheidung wäre. Denn bis dahin hat das personell ziemlich übersichtliche Kartell der professionellen Meinungsdarsteller uns bereits so zermürbt, dass wir beinahe *jede* denkbare Entscheidung erleichtert zur Kenntnis nehmen. Hauptsache Themenwechsel! Im Übrigen zeigt der Name „Talkshow" an, wie die wichtigste Spielregel lautet: Gewonnen hat, wer die meiste Sendezeit erobert. Vielleicht noch derjenige, der den plakativsten Spruch des Abends absondert. Keinesfalls aber derjenige, der die besten Argumente oder die luzidesten Ideen vorträgt.

In letzter Konsequenz hat diese Dauerberieselung zwei sehr unterschiedliche, aber gleichermaßen fatale Folgen:

ein ebenso großes wie schnelllebiges Dauergeschrei in den Medien – und weitgehendes Schweigen beziehungsweise einen nichtssagenden Verlautbarungsjargon auf Seiten der wichtigsten politischen Entscheidungsträger. Beides unterspült auf lange Sicht die Fundamente der demokratischen Meinungsbildung.

Um im allgemeinen Rauschen der Ereignisse und Erklärungen noch Aufmerksamkeit zu finden, müssen die Produzenten dieses Rauschens, die Medien, ständig die Lautstärke erhöhen. Als Verstärkertechnik bietet sich permanente Skandalisierung an. So ist es etwa sehr viel reizvoller, darüber zu berichten, wenn sich Politiker in internen Runden angepöbelt haben, als darüber, worum es in der Sache selbst geht. Fehlentscheidungen und ihre Folgen, die es in der Politik selbstverständlich ebenso gibt wie in anderen Lebensbereichen, klingen einfach knackiger, wenn sie als „Skandal" verkauft werden. Sodass alles, wohinter sich womöglich ein Fragezeichen setzen ließe, sofort zur „Affäre" aufgeblasen wird; seien es dienstlich aufgelaufene, aber privat genutzte Bonusmeilen, bestimmte Vortragshonorare oder viele Jahre zurückliegende Falschauskünfte über einen privaten Immobilienkredit.

Da sich das dergestalt produzierte Erregungsniveau nur für kurze Zeit halten lässt, müssen die Themen in schneller Folge wechseln. Auch hierbei geschieht etwas Merkwürdiges: Das Unwichtige verdrängt nicht selten das Wichtige. Denn während die Hauptsachen meist komplex und ergo schwer zu skandalisieren sind, lassen sich Nebensächlichkeiten und Personalien leicht zuspitzen. Fraglos ist es falsch, wenn ein Minister einen Doktortitel erwirbt, indem er seine Dissertation beinahe komplett abkupfert. Wenn er dann auch noch zögerlich mit der Wahrheit herausrückt, erschüttert das zudem seine Vertrauenswürdigkeit, sodass er als Minister am Ende nicht zu halten ist. Ob das auch zutrifft, wenn eine Ministerin vor 30 Jahren die Regeln wissenschaftlichen Zitierens teilweise zu locker ausgelegt hat, bezweifle ich. Doch ganz gewiss handelte es sich in beiden Fällen nicht um entscheidende politische Probleme. Dafür passten sie perfekt zur medialen Logik des Skandals: aufdecken, hochkochen, abhaken. Ebenso, wie sich solche Storys medial effektvoll abschließen lassen. Denn die Rücktrittserklärung vor laufender Kamera liefert Bilder, die jeder versteht. Danach kann die Karawane weiterziehen – bis die Öffentlichkeit den Spaß an der Aufdeckung akademischer Plagiate verloren hat.

Leider stellt sich eine vergleichbare Art von Überdruss aber auch bei jenen wirklich wichtigen Themen ein, bei denen weder schnelle noch einfache Lösungen zu erwarten sind. So ist ja bislang keines der wirtschafts- und finanzpolitischen Probleme in der Eurozone wirklich gelöst. Aber ein seit 2008 anhaltendes Wechselspiel hat uns Bürger inzwischen völlig erschöpft. Erst der langsame mediale Spannungsaufbau: Wann kollabiert das irische, das zypriotische, das spanische Bankensystem? Wann ist Griechenland, Italien, die Slowakei pleite? Es folgt die dramatische Zuspitzung: mehrtägige Dauersitzungen von Regierungschefs, Ministern und Notenbankern, von denen außer vorfahrenden Staatskarossen und müden Gesichtern nicht viel zu sehen ist; dann werden mitten in der Nacht „durchgreifende Maßnahmen“ beschlossen – die leider so kompliziert sind, dass kaum jemand sie versteht. Sicher, so erklären uns die Deuter vor dem Hinter-

> Bei den meisten Menschen gründet sich der Unglaube an einer Sache auf blinden Glauben in einer anderen.
>
> GEORG CHRISTOPH LICHTENBERG

grund eines Brüsseler Bürokomplexes, sei nur, dass das Rettungswerk nicht lange helfen werde. Schließlich die Entspannungsphase: Börsenreporter aus New York, London, Frankfurt und Tokio berichten im Tonfall der Erleichterung, dass „die Märkte" sich „beruhigt" hätten.

In der ersten Runde bemühen sich politisch interessierte Bürger noch um ein vertieftes Verständnis der Lage. Schließlich finden sich in Qualitätszeitungen und seriösen Magazinen genug Hintergrundinformationen, um die Ursachen der Krise oder mögliche Folgewirkungen einzelner wirtschaftlicher und politischer Entscheidungen wenigstens ansatzweise zu verstehen und zu beurteilen. Doch je mehr sich der Eindruck verstärkt, bloße Zuschauer einer rätselhaften Wiederholungsschleife zu sein, desto eher winken wir irgendwann ab. Die Krise, ja sicher. Aber ich kann es langsam nicht mehr hören.

… ABER NIEMAND MEHR ETWAS SAGEN WILL

Die Kehrseite dieser Medaille medialer Dauererregung ist für unsere Demokratie nicht minder bedrohlich. Reagieren doch die meisten einflussreichen Politiker mit zunehmend unpolitischem Auftreten. Deutlicher gesagt: mit öffentlichem Schweigen oder mit hohler Phrasendrescherei. Ein Symptom dafür: Wer, und zwar im doppelten Wortsinne, wirklich etwas zu sagen hat, sitzt fast nie in einer Talkshow. Dort parlieren allerlei selbst ernannte Experten meist nur mit der zweiten und dritten Garnitur politischer Wasserträger. Gibt die Bundeskanzlerin dann doch einmal eines ihrer seltenen Fernsehinterviews, beschränkt sie sich auf Aussagen, die derart allgemein sind, dass hinter ihnen wohl beruhigende, aber kaum noch politische

Absichten zu erkennen sind. Im Übrigen ist sie meist nur anlässlich repräsentativer Termine in den Medien präsent.

Nun gehörten Händeschütteln mit Staatsgästen und Repräsentanten aus Wirtschaft und Gesellschaft oder Grußworte auf Verbandstagen schon immer zu den Pflichten eines Regierungschefs. Auch früher entwichen aus den Sitzungen wichtiger Entscheidungsgremien zunächst oft nur Luftblasen. Doch auf politische Grundsatzreden mit klar formulierten – und das heißt eben auch: mit kontroversen – Standpunkten fast völlig zu verzichten, ist neu. Fast könnte daher der Eindruck entstehen, dass vage öffentliche Selbstdarstellungen etwas ganz anderes kaschieren sollen, was überhaupt nicht zu einer liberalen Demokratie passt: eine Renaissance von Kabinettspolitik im Stile des 19. Jahrhunderts. Ganz nach dem Motto: Lass die anderen schwatzen, wir regeln das im kleinen Kreis.

Und noch etwas finde ich bedenklich: Dass Meinungsforschung zunehmend die politische Meinungsbildung ersetzt. Beinahe täglich können wir irgendwo nachlesen, was die Bürger unseres Landes nach Meinung dieses oder jenes Instituts über die Zukunft des Euro, den Arbeitseifer der Griechen, den Einsatz der Bundeswehr in Afghanistan oder die Finanzlage der Krankenkassen denken. Diverse „Politbarometer" teilen uns monatlich mit, wer gewählt würde, „wenn am nächsten Sonntag Bundestagswahl wäre", welche „Beliebtheitswerte" welche Politiker aktuell erreichen und bei welchen Themen die Bürger welcher Partei die „größte Kompetenz" zumessen.

Statt sich also zum Thema eine eigene, möglichst gut begründete Meinung zu bilden und diese dann engagiert zu vertreten, neigt der Politiker im Schatten der Dauer-Demoskopie immer häufiger dazu, seine Meinung der Stimmung anzupassen. Sodass der viel bescholtene Populismus nicht etwa eine Folge charakterlicher Defizite einzelner Politiker ist, sondern die logische Konsequenz des Umstandes, dass auf ihren Schreibtischen meist irgendeine aktuelle Umfrage oben auf dem Posteingangsstapel liegt. Am Ende produziert die Demoskopie einen sich selbst verstärkenden Meinungskreislauf, der mit echter Meinungsbildung bestenfalls noch äußerliche Ähnlichkeit hat.

GLAUBWÜRDIGKEIT UND EHRLICHKEIT

Politik wird von Menschen gemacht. Doch da selbst der Papst nur in theologisch eng gefassten Ausnahmefällen unfehlbar ist, sind es Politiker – wie wir alle – noch viel weniger. Insofern sollten wir mit unseren eigenen moralischen Urteilen ihnen gegenüber nicht unnötig strenger sein als mit uns selbst. Eine andere Frage ist es, welche Maßstäbe unsere politischen Repräsentanten an sich selbst anlegen sollten. Hier sind strengere Standards sehr wohl angebracht. Und zwar nicht in erster Linie deshalb, weil Personen öffentlichen Interesses heute einem nahezu hundertprozentigen Risiko ausgesetzt sind, bei Ausrutschern „erwischt" zu werden. Sondern deshalb, weil Politiker eine klar zu definierende Vorbildfunktion haben.

Vorbilder in einem allgemeinen Sinne mögen auch bekannte Unternehmer und Manager, Künstler, Sportler oder andere „Promis" sein. Dagegen ist es bei Politikern mehr als nur ärgerlich oder peinlich, wenn sie öffentlich Wasser predigen und heimlich Wein trinken. Denn sie bestimmen sowohl über die Spielregeln der Wasserversorgung wie des Weinbaus. Wer Regeln und Gesetze macht, der darf sich selbst nicht die geringsten Freiräume zubilligen, wenn es um deren Auslegung und Befolgung geht. Und wer Macht ausübt, in welchem Sinne auch immer, der muss über jeden Verdacht erhaben sein, dass er diese Macht irgendwann zum eigenen Vorteil missbrauchen könnte.

Was im gegenteiligen Fall passiert, lässt sich seit längerem unter der Rubrik „Politikverdrossenheit“ beobachten. Auch wenn wir wohl eher von „Politikerverdrossenheit“ sprechen sollten. Und auch wenn so mancher Sturm der Entrüstung über Skandale und Affären am Ende als laues Lüftchen verendet. Angesichts von Schlampereien, Selbstbegünstigungen und Seilschaften verlieren die Bürger das Vertrauen in Recht und Gesetz. Vielleicht nicht gleich in die Grundlagen des Bürgerlichen Rechts. Aber zum Beispiel ins Steuerrecht. Viele staatliche Instanzen geraten dagegen unter Generalverdacht, hoheitlich geschützte Selbstbedienungsläden zu sein.

Der Vertrauensverlust kann dazu führen, dass die Menschen irgendwann gar nicht mehr wählen gehen. Bei der Bundestagswahl 2009 kam die Anzahl der Nichtwähler einem Drittel der Wahlberechtigten bedrohlich nahe. An Landtagswahlen nimmt häufig schon fast die Hälfte der Bürger nicht mehr teil. Und die Wahlergebnisse der großen Volksparteien sind historisch so niedrig wie nie zuvor in der Geschichte der Bundesrepublik. Das Problem: Eine parlamentarische Demokratie, in der die Mehrheiten in den Parlamenten nur noch ein Drittel oder ein Viertel der Bürger repräsentieren, wird aus Sicht ihrer Bürger zur Demokratie mit Fragezeichen. Allgemein gehaltene Appelle, sein Wahlrecht doch bitte auch wahrzunehmen, helfen dann auch nichts mehr. Daher gilt: Demokratische Politiker, die es mit Mo-

> Was das Gesetz nicht verbietet, das verbietet der Anstand.
>
> SENECA

ral, Anstand und Regeltreue nicht ganz so genau nehmen, unterhöhlen die Fundamente der Demokratie und des Rechtsstaates selbst. Weshalb sie nicht nur auf die – völlig selbstverständliche – Legalität ihres Tuns zu achten haben. Stets müssen sie sich darüber hinaus fragen, ob ihr Handeln auch im moralischen Sinne legitim ist.

Die im Frühjahr 2013 ans Licht gekommene „Verwandtenaffäre" im Bayerischen Landtag warf auf diesen zweiten Aspekt ein besonders negatives Schlaglicht. 79 Abgeordnete mehrerer Parteien hatten Familienangehörige auf Staatskosten in ihren Büros eingestellt. Und das obwohl Ende 2000 ein Gesetz verabschiedet worden war, das diese Praxis abstellen sollte. Einigermaßen hinterlistig war in diesen Fällen eine „Altfallregelung" bis an die Grenzen der Belastbarkeit gedehnt worden. Manche Welle öffentlicher Entrüstung mag mit einer Portion Scheinheiligkeit aufgeschäumt sein. Aber wenn die Politik dem Begriff „Vetternwirtschaft" eine derart buchstäbliche Bedeutung verleiht, darf sie sich über die Empörung der Bürger nicht wundern.

Sicher trinkt auch ein Politiker, salopp gesagt, mal einen über den Durst. Wenn er dann im angeheiterten Zustand Unsinn redet, mag das für ihn peinlich oder schädlich sein. Doch wenn er auf einem Weinfest die Weinkönigin begrapscht, verletzt er die Grundregeln von Anstand und Respekt. Und wenn er sich beschwipst hinters Steuer setzt, bricht er das Gesetz. Auch im übertragenen Sinne sollte daher für Politiker außerhalb der eigenen vier Wände eine Null-Promille-Grenze gelten.

Wenn Bürgermeister, Abgeordnete, Minister oder Präsidenten dagegen bisweilen Fünfe gerade sein lassen, wenn sie private Interessen und öffentliches Amt nicht sauber zu trennen verstehen, dann urteilen viele Menschen auch gleich sehr viel milder über eigenes Fehlverhalten. Kleine und größere Mogeleien bei der Steuererklärung werden dann ebenso schnell als verzeihlich betrachtet wie private Auslegungen der Straßenverkehrsordnung. Aus der Meinung, der eigene Arbeitgeber entlohne einen nicht gerecht, wird das Recht abgeleitet, sich beim Büromaterial zu bedienen oder seine Spesenabrechnung mit ein paar privaten Quittungen anzureichern. Und wer die meisten Staatsdiener für korrupt hält, der wird es irgendwann auch für selbstverständlich halten, seine geschäftlichen Anliegen durch Bestechungen oder sonstige Gunstbezeigungen zu befördern. Am Ende solch fataler Spiralen des Misstrauens erodiert jedes Gefühl für Anstand und für die Regeln des gesellschaftlichen Umgangs.

MACHT, MACHTGEHABE UND AUTORITÄT

Leider machen etliche Politiker, ebenso wie viele Führungskräfte in der Wirtschaft, den Fehler, Autorität mit autoritärem Gehabe zu verwechseln. Letzteres stützt sich einzig und allein auf ihre Position, also auf Macht. Mit falsch verstandenem Machtgehabe kann ich zwar manche Menschen einschüchtern, ich kann sogar Sorgen und Ängste auslösen, etwa um Karrierenachteile, vor interner oder öffentlicher Abkanzelung, vor dem Verlust eines Amtes oder Mandats – aber gewiss keine Begeisterung für politische Ideen oder Projekte. In Einzelfällen, zumal wenn es eilt, mag ein „Machtwort" schon mal helfen. Doch bereits auf mittlere Sicht entpuppt sich das Verfahren als Sackgasse.

Einem demokratisch gewählten Politiker wird es so niemals gelingen, auch diejenigen Leute mitzunehmen, die ihn auf Zeit mit seiner Macht, mit den damit verbundenen Privilegien und mit einem „Machtapparat" – Mitarbeiter, die ihm zuarbeiten und seine Entscheidungen umsetzen – ausgestattet haben: seine Wähler, schließlich die Bürger insgesamt. Dafür muss jemand persönliche Autorität besitzen. Und die hat mit einer Position letztlich wenig zu tun. Sie beruht auf der Integrität einer Person, auf dem Wert ihrer Erfahrungen, auf der Qualität ihrer Argumente und auf ihrer Fähigkeit, eine Idee und ihre Hintergründe verständlich und überzeugend zu vermitteln.

Und doch: Wer von Politik spricht, der kann von Macht nicht schweigen. Der Begriff „Macht" ist ja heutzutage sehr negativ besetzt. Viele denken ihn fast schon automatisch zusammen mit dem Suffix „-missbrauch". Als Zeitzeichen mag das zu denken geben. Es geht aber am Kern der Sache vorbei. Denn Verantwortung übernehmen ohne Macht auszuüben, das kann ich nur, wenn ich alles selbst mache. Politische Verantwortung ohne Macht über das Wirken anderer ist dagegen undenkbar. Jeder Regierungschef braucht Minister, die Minister brauchen Referenten, die sie mit Informationen, Ratschlägen oder Gesetzentwürfen versorgen, und die Referenten brauchen Stäbe, die sie ihrerseits mit all dem beliefern.

Die entscheidende Frage ist, worauf Macht gründet. Ich kann sie natürlich einfach für mich beanspruchen. Schließlich besitzt unsere Kanzlerin „Richtlinienkompetenz". Minister, Staatssekretäre, Abteilungsleiter und andere Vorgesetzte haben Weisungsbefugnisse gegenüber nachgeordneten Abteilungen oder Behörden. So könnte ein Politiker Macht allein aus seinem Amt oder Mandat ableiten. Oder er könnte sich vorzugsweise auf seinen Zugang zu anderen einflussreichen Leuten verlassen. Dass persönliche Loyalitäten und Abhängigkeiten, dass Seilschaften und ein gewisses Maß an Kungelei in der Politik (übrigens auch in der Wirtschaft) eine nicht zu unterschätzende Rolle spielen, lässt sich ja auch schwerlich bestreiten – und allein durch gefestigte Strukturen von „checks and balances“ im Zaume halten. Gleichwohl muss ich stets eine große Zahl von Menschen „mitnehmen“ können, die auf Weisung bestenfalls Dienst nach Vorschrift machen. Als Politiker wie als Unternehmer oder Manager stehe ich allein auf verlorenem Posten. Und mit autoritärer Aufschneiderei, mit Protz und grobem Gepolter gewinne ich für meine Vorhaben keine verlässlichen Mitstreiter.

Vor allem aber ist Macht nur ein Mittel zum Zweck, niemals Selbstzweck. Von daher ist sie auch immer nur so gut wie ihre Zwecke selbst es sind. Sein Ziel wird jedoch – zusammen mit anderen – niemand erreichen, wenn seine Macht auf materielle oder persönliche Abhängigkeiten gegründet ist. Noch weniger ist Macht ein System von Befehl und Gehorsam. Zumal noch eines, bei dem die Lautstärke auf dem Kasernenhof als Zeichen der Schlagkraft einer Armee gelten darf.

Es mag berauschend sein, Macht zu haben. Aber wer sie hat, sollte gerade in der Politik stets wissen, wer sie ihm gegeben hat. Und wie lange er sie ausüben wird. Dann relativiert sich die Perspektive sehr. Wenn ich weiß, dass mir Macht nur auf Zeit und unter bestimmten Bedingungen zuteil geworden ist, dass sie mir unter anderen Bedingungen also auch wieder genommen werden kann (oder zumindest nicht mehr akzeptiert wird), dann werde ich sie verantwortungsvoll auszuüben versuchen. Ich werde Rücksicht auf die Meinungen und Belange derjenigen nehmen, die mir eben gerade nicht „gehorchen“ – sondern die mir nur dann folgen, wenn ich sie von meiner Sicht der Dinge halbwegs überzeugen konnte.

Das wiederum hängt davon ab, ob mir die Leute vertrauen. Und zwar nicht allein in dem Sinne, dass ich es ehrlich mit ihnen und mit der Sache meine. Sondern auch in dem Sinne, dass sie auf meine Erfahrung, mein Wissen und meine Fähigkeiten vertrauen. Macht in diesem positiven Sinne ist eigentlich nur ein anderes Wort für „Autorität". Und die kann sich niemand selbst zusprechen. Sie wird einem ausschließlich von anderen zuerkannt.

„DIE DINGE SIND AUF EINEM GUTEN WEG"

Nicht zuletzt hat Überzeugungskraft etwas damit zu tun, dass ich bei den Menschen den richtigen Ton treffe. Der oft sehr abstrakte, nicht selten von den Sprachkrämpfen der Juristen – ich weiß wovon ich rede, ich bin von Haus aus selbst einer – geprägte Politjargon ist leider Lichtjahre vom Denken und von der Sprache normaler Menschen entfernt. Niemals würde ein Politiker schlicht ratlos sein. In solchen Fällen sind vielmehr „weitere eingehende Beratungen erforderlich". Anschließend wird nicht einfach dies oder jenes getan, es werden vielmehr „Maßnahmen ergriffen" oder „Strukturen angepasst". Und wenn sich auch nach vielen langen Sitzungen verschiedene Interessengruppen bei einem Thema gegenseitig blockieren, dann sind wenigstens „die Dinge auf einem guten Weg". Selbst bei Naturkatastrophen oder schweren Unglücksfällen werden die immer gleichen Worthülsen hervorgeholt: Meist sind dann „unsere Gedanken bei den Opfern" und „den Betroffenen muss schnell und unbürokratisch geholfen werden". Da die politische „Ochsentour" sehr lang ist, die vom stellvertretenden Unterbezirksvorstand zu einem Amt oder Mandat führt, in dem ein Politiker sich vor Kameras äußern muss, scheint es schwer zu sein, nicht früher oder später in diesen sehr speziellen Fachjargon zu verfallen. Im Kreistag wird ja meist noch eine klare und bodenständige Sprache gesprochen, nicht zuletzt, weil es dort um vergleichsweise alltägliche Dinge geht. Schön wäre es dennoch, wenn beim Aufstieg in die höheren Sphären nicht auch die Sprache bei gefühlt 90 Prozent der Spitzenpolitiker wolkig würde. Das könnte nämlich dem Verdacht entgegenwirken, dass sie damit bloß ihre „wahren Interessen" vernebeln wollten.

Einem verbreiteten Vorurteil zufolge tanzen die meisten Politiker ja nach der Pfeife von Wirtschaftslobbyisten. Ich habe hier andere Erfahrungen gemacht. Niemand wird bestreiten, dass ich als Unternehmer meine Pläne und Interessen gelegentlich auch Politikern vortragen muss. Doch da wird höchst selten mit beflissenem Kopfnicken reagiert. Neben Nachfragen und Bedenken höre ich häufig etwas ganz anderes: gute Ratschläge. In den Neunzigerjahren ist unser Unternehmen besonders stark in Osteuropa gewachsen. In Russland, in der Ukraine, in Ungarn und Kroatien haben wir Produktionsstätten eröffnet und Hunderte von Arbeitsplätzen geschaffen. Die damals – und teils noch heute – sehr spezielle Bürokratie in diesen Ländern hat uns das nicht immer leicht gemacht. Auch sind wir niemals in die Fallen der Korruption gelaufen. Ohne den Rat und die Hilfe deutscher wie osteuropäischer Politiker wäre uns das kaum gelungen. Als eher kleinerer Mittelständler gehöre ich selten jenen Wirtschaftsdelegationen an, die Kanzler oder Minister auf Auslandsreisen begleiten. Umso wichtiger sind für mich Gespräche im kleineren Kreis und auf unteren Ebenen. Und da treffe ich meist auf ebenso sachkundige wie ehrliche und engagierte Politiker, mit denen ich offen über Wünsche sowie Probleme reden kann, von denen ich aber genauso deutlich zu hören bekomme, was geht und was nicht.

EINER FÜR ALLE, ALLE FÜR EINEN

Über den richtigen und den falschen Ton in Unternehmertum und Management

Unvergessen ist der geldgierige Klebstoff-Fabrikant Heinrich Haffenloher, den Mario Adorf in der Kult-Fernsehserie *Kir Royal* gab. Dessen protzige Drohung „Ich scheiß dich zu mit meinem Geld" lässt zwar jeglichen guten Stil vermissen, aber womöglich ist sie uns gerade deshalb in so „guter" Erinnerung.

Was Helmut Dietl noch 1986 an der Münchner Schickimicki-Gesellschaft humorvoll und boulevardesk für das Fernsehen persiflierte, scheint inzwischen auf Vorstandsetagen, bei vielen Chefs und Managern gang und gäbe. So, als habe die Wirklichkeit die Fiktion ein-, wenn nicht sogar überholt. Schenkt man der öffentlichen Berichterstattung Glauben, dann häufen sich Verstöße gegen das Kartellrecht, Korruptionsvorfälle oder Schmiergeldaffären. Dazu drängt sich der Verdacht auf, dass die sprichwörtliche Redensart „Bescheidenheit ist eine Zier, doch kommt man weiter ohne ihr" en vogue ist: Eine noch kostspieligere Uhr, ein noch teureres Auto, ein noch üppigeres Festbankett in Anwesenheit von Stars und Sternchen, damit das Event möglichst in den Klatschspalten der Boulevardpresse und der Gesellschaftsmagazine Erwähnung findet. Vielerorts hat es den Anschein, als ob die Top-Riegen in Gesellschaft, Wirtschaft und Politik das rechte Maß aus den Augen verloren hätten.

Und die Fakten unterstreichen diesen Eindruck, den die Medien erwecken. Statistisch gesehen ist der gesamte wirtschaftliche Zuwachs der vergangenen 20 Jahre ausschließlich bei den Beziehern von Vermögenseinkünften, Kapitalerträgen und Unternehmensgewinnen gelandet. Kein Wunder, dass Renditeexzesse an den internationalen Finanzbörsen, kräftig steigende Vorstandsgehälter und gigantische Abfindungen, dazu teils von jeder Leistung entkoppelte Bonuszahlungen und üppige Aktienoptionsprogramme vielen Menschen übel aufstoßen. Gerade jene exorbitanten Summen, die dann gerne Schlagzeilen machen, vermitteln den Eindruck, dass die sogenannten „Spitzenkräfte“ heute kein Maßhalten mehr kennen. Auffällig ist der Trend zu erfolgsunabhängiger Bezahlung. Während DAX-Vorstände im Jahr 1989 jährlich gut 500 000 DM verdienten, liegen feste, variable und aktienbasierte Gehälter inzwischen bei etwa sechs Millionen Euro. Zum Erstaunen der Öffentlichkeit verdienten auch Manager, die ihre Unternehmen an den Abgrund manövriert haben, sich trotzdem eine goldene Nase, während zahlreiche Arbeitnehmer desselben Unternehmens ins Bodenlose abstürzten.

Obwohl seit der Volksabstimmung in der Schweiz hierzulande ebenfalls Forderungen nach einer gesetzlichen Regelung von Bonuszahlungen für Manager laut geworden sind, verwundert es bei der Flut von Negativ-Schlagzeilen wenig, dass so manchem Bürger unser Wirtschaftssystem inzwischen wie ein Selbstbedienungsladen für die oberen Zehntausend vorkommt. Die Kluft zwischen Spitzengehältern und Löhnen lässt sich mit unterschiedlichen Qualifikationen, längeren oder kürzeren Arbeitszeiten und höherer Verantwortung allein nicht mehr erklären. Auch die soziale Mobilität, also die Möglichkeit in der Gesellschaft aufzusteigen, hat gelitten. Die Werteordnung, die uns jahrzehntelang Wohlstand und Demokratie garantiert hat, durchläuft einen Härtetest.

Können wir überhaupt noch von Verteilungsgerechtigkeit sprechen, wenn die Schere zwischen Arm und Reich immer weiter auseinandergeht? Welches Ausmaß hat die soziale Ungleichheit angenommen, wenn das Einkommen des obersten Fünftels der Menschen in Deutschland im Jahr 2010 bereits 4,5-mal so hoch war wie das des untersten Fünftels? Wenn eine Minderheit an Vermögenden über ihren Besitz Macht anhäuft, dann breitet sich in der übrigen Gesellschaft schnell Angst und Wut aus. Die Menschen sehen sich in ihrer Identität verunsichert und fühlen sich um ihren Platz in der Gesellschaft betrogen. Und wer sich von Ausgrenzung bedroht sieht, trachtet seinerseits nach Ausgrenzung der noch Schwächeren oder Fremden. Zu befürchten ist, dass diese Entwicklungen langfristig auch Konsequenzen für den sozialen Zusammenhalt und Frieden in unserer Gesellschaft haben.

Trotz teilweise besorgniserregender Auswüchse steht für mich dennoch außer Frage, dass die soziale Marktwirtschaft das beste Wirtschaftssystem ist. Denn sie bringt die Interessen des Einzelnen und die Gesamtinteressen der Gesellschaft langfristig am besten ins Gleichgewicht. Freilich müssen sich alle Beteiligten an die Spielregeln halten. Eine freie und soziale Marktwirtschaft ist kein Selbstbedienungsladen. Sie funktioniert nicht, wenn jeder mehr herausholen will, als er selber einbringt. Ökonomische Kompetenz und soziale Verantwortung sollten wieder als Einheit verstanden werden. Das eine ohne das andere geht nicht: Beide erst sind konstitutiv für eine auf Fairness und Solidarität basierende Leistungsgesellschaft. Im Grunde ähnelt eine gesunde, nachhaltige Wirtschaft einem Apfelbaum. Jeder darf so viele Äpfel pflücken, dass er satt wird. Aber keiner darf dessen Äste absägen oder seinen Wurzeln das Wasser abgraben. Und keiner darf den Baum schütteln, sodass die Äpfel herabfallen, bevor sie reif sind und süß schmecken. Gegen eine bindungslose Ellbogengesellschaft helfen als Wirkstoffe nur Fairness und Solidarität.

> Man muss den Bissen nicht größer machen als das Maul.
>
> DEUTSCHES SPRICHWORT

DAS LEITBILD VOM EHRBAREN KAUFMANN

Ich kann es nicht oft genug sagen: Das wichtigste Kapital der sozialen Marktwirtschaft ist Vertrauen. Wer auch immer dieses Vertrauen durch unmäßigen Eigennutz, durch rücksichtsloses oder durch vielleicht gerade noch legales, aber kaum mehr legitimes Verhalten untergräbt, der sägt am eigenen Ast. Was sich wiederum genau jenen am wenigsten empfiehlt, die in den oberen Ästen sitzen.

Unternehmerisches Handeln weiß sich sozial verpflichtet. Es basiert auf Anstand, Fairness und gegenseitigem Vertrauen. Auch wenn es vielleicht verwundert, aber gerade heute ist das Leitbild des „ehrbaren Kaufmanns" für Unternehmer und Manager außerordentlich aktuell, bildet es doch die Grundlage für gesellschaftlich verantwortliches Handeln. Italienische Kaufleute wie auch solche der Hansestädte, aber auch die Augsburger und Nürnberger Großkaufleute, die Fugger und Welser, haben im Mittelalter den Begriff für den europäischen Fernhandel nicht nur geprägt, sondern vorgelebt. Er folgte praktischer Lebenserfahrung, die bis heute gültig ist. Je mehr Menschen sich aus eigener innerer Verantwortung an die Normen ehrlichen und anständigen zwischenmenschlichen Umgangs halten, desto reibungsloser funktioniert die Wirtschaft. Auch hier muss sich ein jeder beständig fragen, ob sich das, was er tut, auch gehört.

Zweifellos ist der Stellenwert ethischer, sozialer und ökologischer Standards in der globalisierten Welt gesunken. Der Kampf um das billigste Angebot führte zu Verwerfungen, die moralischen Werten oft in hohem Maße zuwiderlaufen. Ganz gleich, ob es sich um Möbel eines schwedischen Konzerns handelt, die in der ehemaligen DDR von politischen Häftlingen in Zwangsarbeit gefertigt wurden, um ausbeuterische Praktiken bei Leiharbeitsfirmen, wie unlängst am Beispiel eines großen Internetanbieters bekannt wurde, oder ob Manager nach unehrenhaften Maßstäben agieren – es ist unbestritten, dass Ethik und Moral in der Wirtschaft wieder einen deutlich höheren Stellenwert bekommen müssen.

Vor diesem Hintergrund steht das Leitbild vom ehrbaren Kaufmann, der aus der Gewissheit heraus handelt, dass sein Handeln nicht nur unternehmerisch richtig, sondern auch im ethischen, sozialen und ökologischen Sinn korrekt ist. Weil er sich sowohl in seiner privatwirtschaftlichen als auch in seiner gesellschaftlichen Verantwortung in der Pflicht sieht, betreibt er soziale Vorsorge. Er wägt Gemeinwohl und Einzelinteresse ab und gibt langfristigem Denken und Handeln sowie dem umweltgerechten Wirtschaften den Vorrang. Selbstverständlich verfügt er über exzellentes wirtschaftliches Fachwissen und profunde Kenntnisse in seinem Fachgebiet. Er ist allerdings kein Fachidiot, der nie über den Tellerrand schaut.

Und genau hier sollte das humanistische Bildungsideal wieder stärker ins Spiel kommen, das in der Vergangenheit leider zu Unrecht ins Abseits geraten ist. Statt alle Kräfte des Menschen zu schulen, die körperlichen und geistigen, aber auch die emotionalen und musischen, zielten die Reformen an Schulen und Universitäten vor allem auf Effizienz. Alles wurde auf die Vermittlung von Inhalten reduziert, die wiederum passgenau auf spezifische Berufe zugeschnitten sind. Das Ziel ist nicht Bildung im umfassenden Sinn, sondern eine vor allem nur auf bestimmte Berufe ausgerichtete Ausbildung. Allerdings tun wir uns gerade ökonomisch keinen Gefallen, wenn Praxisorientierung zu sehr auf Kosten von Allgemein- und Methodenwissen geht. Denkvermögen ist immer wichtiger als

Wissen. Dies gilt erst Recht im Zeitalter des Internets, wo uns ständig unzählige Angebote im World Wide Web mit Ad-hoc-Informationen überfluten.

Wer Wilhelm von Humboldt (1767–1835) studiert, dürfte von der Aktualität seiner Ideen und Warnungen bestürzt sein. Nicht Vermittlung von abfragbarem Wissen, das sowieso nachgeschlagen werden kann, keine Abrichtung durch eine praxisorientierte Ausbildung, sondern die Bildung zu abgerundeten, individuellen Persönlichkeiten ist das Gebot der Stunde. Denn die Fähigkeit, Erfahrungen und Informationen zu analysieren und in übergeordnete Zusammenhänge einzuordnen, um daraus Schlüsse zu ziehen und neue Erkenntnisse zu gewinnen, schlägt spezialisiertes Fachwissen immer um Längen. Leistungsträger und Führungskräfte, die über diese Gabe nicht verfügen, dürften im beruflichen Alltag schnell an ihre Grenzen stoßen.

Die anständigste Art der Geschäftsführung ist auch die beständigste.

ROBERT BOSCH

Für problematisch halte ich zudem, dass die Vermittlung von Umgangsformen im Rahmen einer Ausbildung, die vornehmlich auf berufliche Qualifikation und praktische Fertigkeiten setzt, zu kurz kommt. Das rächt sich, sobald die jungen Menschen im Beruf stehen. Sie sind dann zwar durchaus in der Lage, die fachlichen Anforderungen zu erfüllen, im Umgang mit Kollegen und Vorgesetzten sind sie jedoch häufig ungeübt und entsprechend unsicher. Ohne grundlegende Allgemeinbildung, ohne soziale Kompetenz und Kenntnisse, welche Gepflogenheiten im zwischenmenschlichen Umgang gelten, tun sich viele Menschen schwer, überhaupt am gesellschaftlichen und wirtschaftlichen Leben teilzunehmen.

Schließlich und endlich rückt eine umfassende Bildung auch die Maßstäbe des Menschen vernünftig zurecht. So befähigt sie uns, an anderem Freude zu haben als nur an materiellen Dingen, etwa an Kunst, Literatur und Musik, die das Leben und die Freizeit ungemein bereichern. Als bildender Künstler weiß ich aus eigener Erfahrung, wie beglückend musische Betätigungen sind. Sie vervollkommnen nicht nur das Leben, sondern tragen wesentlich dazu bei, dass wir Entspannung und Abstand zu den beruflichen Anforderungen finden. Außerdem schulen die musischen Künste das Denken und das Einfühlungsvermögen, eine weitere Tugend des ehrbaren Kaufmanns, die mit dafür Sorge trägt, den „richtigen Ton" im Umgang mit Mitarbeitern, Kollegen, Zulieferern oder Kunden zu finden. Nach meinem Dafürhalten schließt die Fähigkeit, unternehmerische Verantwortung zu tragen, das Verständnis für die Wünsche, Hoffnungen, Bestrebungen und Sorgen der anderen mit ein. Gefordert sind hier Anstand, das heißt die Befähigung zu unterscheiden, was sich gehört und was nicht, soziale Kompetenz und die Fähigkeit zu Mitmenschlichkeit – kurzum: Herzensbildung. Diese ist übrigens auch immer dort ein Königsweg, wo wir es mit anderen Nationalitäten und Religionszugehörigkeiten, fremden Kulturen, Sitten und Gebräuchen zu tun haben.

HERZENSBILDUNG STATT ELLENBOGEN UND EGOISMUS

Manch einer mag den Begriff Herzensbildung für antiquiert halten. Ich halte bewusst daran fest, weil Herzensbildung für mich eine Tugend ist, die fest mit dem Leitbild des ehrbaren Kaufmanns verknüpft ist. Zudem steht für mich das, was Herzensbildung ausmacht, in einem deutlichen Widerspruch zu negativen Erscheinungen im Wirtschaftsleben, wo vielfach Ellenbogen und Egoismus herrschen. Herzensbildung oder Empathie meint die Fähigkeit eines Menschen, einen anderen Menschen zu erfassen und dessen Gefühle, Ansichten und Handlungsweisen zu achten, ohne mit ihnen konform gehen zu müssen. Herzensbildung ist das Gegenteil von Abgrenzung. Sie umfasst Interesse, Engagement, Neugier und Aufgeschlossenheit gleichermaßen und ist so gesehen auch eine notwendige unternehmerische Schlüsselkompetenz.

Damit soll freilich nicht in Abrede gestellt werden, dass ein Machtwort in Unternehmen hin und wieder nottut. Bringt ein Mitarbeiter zum Beispiel überhaupt keine akzeptable Leistung, dann ist es absolut notwendig, ihm das auch klar zu machen. Das Gleiche gilt, wenn sich Mangelhaftigkeiten oder Unzulänglichkeiten häufen. Fehler müssen abgestellt beziehungsweise korrigiert werden. Nur so kann der Mitarbeiter aus seinem Fehler lernen. Dies erreichen wir jedoch nicht dadurch, dass wir ihn in barschem Ton klein machen oder ihn mit läppischen Sprüchen wie „Zu dumm zum Arbeiten, oder?“ abkanzeln. Leider ist nicht allen Führungskräften wirklich klar, dass konstruktive Kritik und verletzende persönliche Angriffe zwei Paar Schuhe sind. Sie verwechseln Autorität mit autoritärem Gehabe. Letzteres stützt sich allein auf die leitende Position, also auf die jeweilige Machtbefugnis, die sie im Unternehmen haben. Mit Macht kann zwar Angst – vor Repressalien, vor Gehaltskürzungen oder gar vor Kündigungen – erzeugt werden, aber gewiss kein Engagement und schon gar keine Begeisterung. Im Gegenteil. Wer auf ein System von Befehl und Gehorsam setzt, der kann unversehens in einer Sackgasse landen, an deren Ende die „innere Kündigung“ von Mitarbeitern steht.

Macht ist immer nur ein Mittel zum Zweck, niemals Selbstzweck. Wenn wir beispielsweise versuchen, Macht auf einer materiellen Abhängigkeit zu begründen, verfehlen wir womöglich sogar unsere unternehmerischen Ziele. Die Gehaltszahlung entlohnt lediglich den Anspruch, dass jemand für das Unternehmen tätig wird. Auf die Art und Weise allerdings, aus welcher Haltung heraus, mit welchem Engagement oder mit welchem Erfolg die Leistungen erbracht werden, darauf hat die Lohnabrechnung wenig Einfluss. Wer meint, dass üppige Gehälter an sich Erfolgsgaranten wären, verkennt, welch immense Bedeutung die Sinnhaftigkeit von Arbeit hat. Und Sinn erfahren Menschen wiederum in jenen Tätigkeiten, die Erfüllung bringen und ihnen Freude machen.

Leider macht unsere auf materielle Werte fokussierte Welt vielfach vergessen, dass Geld kein Sinnstifter ist; es schenkt uns auch keine länger andauernde Befriedigung. Hat nicht die Glücksforschung längst erwiesen, dass reiche Menschen und reiche Nationen nicht zufriedener sind als solche, die finanziell weniger gut dastehen? Wenn die grundlegenden Bedürfnisse gestillt sind, betonen die Psychologen, trägt ein höheres Einkommen fast nichts mehr zum Glück der Menschen bei. Glücklich sind wir etwa dann, wenn wir gemeinsam etwas Sinnvolles tun oder unsere Leistungen und Ideen Anerkennung finden.

Was unser Wirtschaftsleben benötigt, sind weder Lohnempfänger, die Arbeit lediglich als Einkommensquelle betrachten, noch Befehlsempfänger, die brav gehorchen. Was wir vielmehr brauchen, sind Menschen, die sich einsetzen und ihre Fähigkeiten und Talente einbringen, weil sie bei der Arbeit Sinn und Freude erfahren. Hier tritt das Zauberwort Motivation auf den Plan. Leider entpuppt sich bei genauerer Betrachtung vieles, was im Management unter Motivation verkauft wird, lediglich als unverbindlicher Verlautbarungsjargon; leere Phrasen, die nicht wirklich zünden. Ein Vorgesetzter, der seine Mitarbeiter mitreißen will, ist auf Authentizität, Integrität und Glaubwürdigkeit angewiesen. Und zwar nicht nur in dem Sinn, dass er es ehrlich mit ihnen und der Sache meint. Sondern auch in dem Sinn, dass die Mitarbeiter ihm vertrauen, weil sie wissen, dass er nicht nur daherredet, sondern selbst mit gutem Beispiel vorangeht. Und nicht zuletzt hat Überzeugungskraft und Begeisterungsfähigkeit auch damit zu tun, den richtigen Ton zu treffen. Was für mich wiederum auf Herzensbildung schließen lässt.

EINE KULTUR DES RESPEKTS

Zu Recht erwarten die Menschen gutes Geld für gute Arbeit. Wesentlicher als ein angemessener Lohn ist aber, dass Mitarbeiter wertgeschätzt und ihre Leistungen anerkannt werden. Insofern sollte der Begriff Mitarbeiter ruhig wörtlich genommen werden: Er ist Mit-Arbeiter, der gemeinsam mit anderen Kollegen und Spitzenkräften seinen Teil zum Erfolg eines Unternehmens beiträgt. Nach meinem Dafürhalten haben wir es hier mit einem partnerschaftlichen Miteinander zu tun. In diesem Kontext habe ich mich in meinem Unternehmen beispielsweise dafür stark gemacht, dass Führungskräfte beim Besuch in der Werkshalle – der ihnen keine lästige Pflicht, sondern liebe Gewohnheit sein sollte – selber mit anpacken. Heutzutage ist das leider eine Seltenheit geworden. Vielleicht, weil die Spitzen in den Führungsetagen es entweder nie gelernt oder wieder verlernt haben, Hand anzulegen. Doch wer die Arbeit aus eigener Erfahrung kennt, die andere verrichten, weiß erst richtig einzuschätzen, was sie leisten. Und wer die Leistung anerkennt, die andere zum Erfolg beitragen, der gewinnt eine durch nichts zu ersetzende Verbindung zu seinen Mitarbeitern.

Technischer Fortschritt, allem voran das Internet, moderne Unternehmens- und Kommunikationsorganisation und die internationale Arbeitsteilung in der globalisierten Welt sorgen dafür, dass die Anzahl derer beständig wächst, die die Arbeit organisieren. Noch dazu haben alle immer weniger direkt miteinander zu tun. An die Stelle des persönlichen Gesprächs sind E-Mail-Verkehr, Telefon- und Videokonferenzen, Skype und die Plattformen sozialer Netzwerke getreten. Die Folge: Wer hauptsächlich telefoniert, SMS oder E-Mails verfasst, wer nur mit wichtigen Geschäftspapieren und PowerPoint-Präsentationen beschäftigt ist, oder wer seine Arbeitszeit überwiegend in exklusiven Konferenzräumen oder in der Businesslounge verbringt, der verliert nicht nur den Kontakt zur Basis, der gewinnt zwangsläufig ein schiefes Bild von den Zusammenhängen der Leistungsgesellschaft.

Die Verkennung der Abhängigkeit eigener Leistung von der Leistung anderer fällt naturgemäß umso leichter, je weiter die Kollegen, Lieferanten, Mitarbeiter oder Kunden entfernt sind. Manch einer mag sogar denken, dass nur Vielflieger, Vielredner, Kongresspilger und Letztentscheider die alleinigen Leistungsträger seien. Auf dem Holzweg ist jedoch, wer glaubt, die Leistungen anderer missachten zu können. „Einer für alle, alle für einen“ wussten schon die drei Musketiere in dem Roman von Alexandre Dumas. Und das gilt erst

> Für augenblicklichen Gewinn verkaufe ich die Zukunft nicht.
>
> WERNER VON SIEMENS

recht in unserer so hochgradig arbeitsteiligen und international verzweigten Wirtschaftswelt.

Wem es „da oben“ dennoch schwerfällt, sich von der Vorstellung zu lösen, etwas „Besseres“ zu sein, der mag sich das Bild von den „Zwergen auf den Schultern von Riesen“ vor Augen führen, das uns der Theologe Johannes von Salisbury aus dem 12. Jahrhundert überliefert hat. Mit den Riesen waren die Gelehrten der Antike gemeint. Die Zeitgenossen also seien „gleichsam Zwerge, die auf den Schultern von Riesen sitzen, um mehr und Entfernteres als diese sehen zu können – freilich nicht dank eigener Sehkraft oder Körpergröße, sondern weil die Größe der Riesen uns emporhebt.“ Das Gleichnis ist in einer Epoche digitaler Revolution heute wieder aktuell, drückt es doch aus, dass Wissen, Können und Leistung in der Gegenwart fortwährend hinterfragt werden müssen. Und wenn wir dies tun, korrigiert sich möglicherweise auch die Sicht auf unsere eigene Leistung und Position.

Keine Frage, ein Hochtechnologieland wie Deutschland braucht Bildungs- und Leistungseliten. Müssen wir deshalb aber solch einen Budenzauber um Begriffe wie Höchstleistung, Ausnahmetalent oder Spitzengehalt, Rekordhalter oder Top-Kräfte veranstalten wie es leider so häufig geschieht? Geraten wir damit nicht auch in Versuchung, einfachere Tätigkeiten und geringere berufliche Qualifikationen zu diskreditieren? Bisweilen wird in der Öffentlichkeit sogar der Eindruck erweckt, als seien Schulabschlüsse unterhalb des Abiturs oder Positionen unterhalb des Abteilungsleiters ein soziales Manko. Auch in Wissensgesellschaften und Hochtechnologieländern müssen Brot gebacken, Haare geschnitten und Straßen gereinigt werden – und zwar zu Löhnen, von denen man auskömmlich leben kann. Was unsere Wirtschaft und unsere Gesellschaft brau-

Interview mit
MARTIN WEHRLE

Martin Wehrle (*1970) ist Deutschlands bekanntester Karrierecoach und bildet Karrierecoachs an seiner Akademie aus. Sein Buch „Ich arbeite in einem Irrenhaus" war über 100 Wochen in der *SPIEGEL*-Bestsellerliste. Sein jüngstes Buch befasst sich mit einer Arbeitswelt, die immer mehr Menschen krank macht, und wie man mit ihr umgeht: *Bin ich hier der Depp? – Wie Sie dem Arbeitswahn nicht länger zur Verfügung stehen.*

Herr Wehrle, Sie beschäftigen sich seit vielen Jahren mit der Arbeitswelt. Brauchen wir in deutschen Unternehmen mehr Benimm?
Ja, definitiv – vor allem in der Führungsetage. Das geht los bei der Vokabel „danke". Zahllose Vorgesetzte haben sie verlernt. Sie machen den Mund nur auf, wenn etwas schiefgeht. Und: Dass ein Chef jederzeit für seine Mitarbeiter zu sprechen ist, hat mit Wertschätzung und Benimm zu tun.

Wie schätzen Sie das Verhältnis von Arbeitnehmern und Arbeitgebern ein. Gibt es eine Basis des Respekts?
In etlichen mittelständischen Unternehmen ist das so. Aber in vielen anderen Firmen, vor allem Großkonzernen, herrscht eine Gewinn-über-alles-Mentalität. Zeitarbeiter müssen für Hungerlöhne ranklotzen, Beschäftigte leisten unbezahlte Überstunden in Serie. Und wenn wieder mal einer mit Burnout aus den Latschen kippt, liegt es natürlich nur an ihm. Die Arbeitgeber bezeichnen ihn als Burnout-Persönlichkeit, statt sich an die eigene Nase zu fassen. Respekt bedeutet auch: den anderen fordern, damit er wachsen kann, aber ihn keinesfalls überfordern, damit er nicht zerbricht!

Worin drückt sich in der Praxis aus, dass man einander wertschätzt?
Zum Beispiel darin, dass ein Mitarbeiter jederzeit Rückendeckung hat, wenn ihm ein Fehler passiert. Dass Kritik unter vier Augen geübt wird. Oder auch darin, dass ein Mitarbeiter seinem Vorgesetzten direkt Verbesserungsvorschläge macht, statt hinter dem Rücken sich das Maul zu zerreißen. Außerdem: Wenn ein Unternehmen seinen Gewinn steigert, ist es eine Frage der Wertschätzung, auch die Gehälter zu erhöhen.

Stehen sich Respekt und Effizienz nicht völlig entgegen?
Im Gegenteil, wenn ein Mitarbeiter respektiert wird, bringt er sich doppelt ein. Er spürt, dass der Chef ein positives Bild von ihm hat, und dieses will er bestätigen. Es ist dann Sache des Vorgesetzten, den Mitarbeiter vor Selbstausbeutung zu schützen. Ein Chef sollte wissen, welches die ersten Burnout-Symptome sind. Nur gesunde Mitarbeiter können volle Leistung für das Unternehmen bringen!

In jüngerer Zeit lässt sich eine starke Tendenz zum Casual look in Unternehmen beobachten. Wie wichtig ist gute Kleidung am Arbeitsplatz?
Ein Anzug verhindert keine schlechten Manieren, im Gegenteil, oft soll er sie kaschieren. Mir wäre es lieber, dass Chefs auf ihr Benehmen ähnlich intensiv achten wie auf ihre Kleidung. Allerdings: Kleidung kann auch ein Zeichen der Wertschätzung sein. Und das nicht nur gegenüber Kunden. Wenn ein Abteilungsleiter immer Anzug trägt, aber ausgerechnet zur Verabschiedung eines langjährigen Mitarbeiters im T-Shirt auftaucht, ist das kein gutes Signal …

chen, ist eine Renaissance der Kultur des Respekts – anstelle einer allzu ausgeprägten Kultur des Ressentiments.

Schief liegt, wer einen Mitarbeiter lieber dreimal eines kleinen Fehlers wegen kritisiert als ihm einmal wegen seiner guten Gesamtleistung Anerkennung auszusprechen. Er verkennt, dass Lob nicht nur motiviert, sondern auch die emotionale Bindung an ein Unternehmen stärkt. Lob ist eine Bringschuld. Schlecht beraten ist außerdem, wer sich stur an die Parole „Der Chef hat immer Recht." hält. Letztendlich impliziert diese Haltung ja, dass Partizipation und Eigeninitiative seitens der Mitarbeiter im Unternehmen nicht gefragt sind.

Sehr wohl gereicht es Führungskräften zum Vorteil, wenn sie Meinungen einholen und zwar vorzugsweise solche, die sich aus anderen Erfahrungs- oder Bildungshorizonten speisen. Leider wird dieser Aspekt in Zeiten des Effizienzkultus meist zu gering geachtet. Nicht selten werden in Unternehmen und Institutionen zwar die richtigen Entscheidungen gefällt, dabei häufig aber vernachlässigt, diese auf ein breiteres Fundament zu stellen. In gewisser Weise sind Alleingänge der Führung natürlich verständlich, weil es nicht automatisch leichter ist, mit einer größeren Mannschaft den Kurs zu halten. Wer andere überzeugen will, braucht Zeit und Geduld. Außerdem besteht die Gefahr, dass die Zahl der Bedenkenträger zunimmt, was ebenfalls Geduld und Zeit kostet.

Gewiss ist ein Unternehmen kein Debattierclub und so manche Führungskraft befürchtet, dass Diskussionen den Betrieb aufhalten. Meiner Erfahrung nach verhält es sich umgekehrt: Engagement, Kreativität, überraschende Lösungen für anstehende Probleme – all dies kann in solchen Unternehmen sehr viel besser gedeihen, die eine offene und tolerante Diskussionskultur pflegen. Nur wo

Menschen frei denken und reden dürfen, können sie sich auch sicher sein, dass Nachdenken sich lohnt. Nur wo sie das Gefühl haben, dass andere ihren Ideen und Meinungen gegenüber aufgeschlossen sind, werden sie ermutigt, sich über alles Mögliche, also auch über Unternehmensbelange, den Kopf zu zerbrechen. Wer lediglich Befehle von der Brücke hört, der rudert lustlos, wenn er überhaupt mit anpackt. Freiheit ist Motor der wirtschaftlichen Prosperität. Je mehr Freiräume die Mitarbeiter in einem abgesteckten Rahmen genießen, umso engagierter werden sie sich auch persönlich für die Ziele der Firma einsetzen.

FREIHEIT, VERANTWORTUNG UND HAFTUNG

Ob in Gesellschaft, Staat oder in einem Unternehmen – immer geht es darum, die individuellen Freiheitsbedürfnisse im Interesse des Erfolges einer gemeinsamen Sache in Einklang zu bringen. Freiheit ohne Verantwortung ist weder denkbar noch praktisch lebbar. Erziehung zur Verantwortung ist deshalb die wichtigste Voraussetzung einer freiheitlichen und marktwirtschaftlichen Ordnung. Jeder Mensch muss fähig sein, auf drei Ebenen verantwortlich zu handeln: in Bezug auf die eigene Lebensführung, den Umgang mit anderen Menschen sowie in Bezug auf die Gemeinschaft als Ganzes. Selbstverständlich bedarf es dazu einer zielgerichteten Grundhaltung. Jeder muss sich immer wieder fragen, ob sich das, was er tut, auch gehört. Und dafür braucht es Regeln, deren Verstoß geahndet werden muss. Wie beim Fußball auch: Freistoß, Strafstoß, gelbe Karte, rote Karte. Das gilt genauso in der Wirtschaft.

Leider ist genau dieser Aspekt in den letzten Jahren nicht immer beachtet worden. Gerade auch von Unternehmen und Managern nicht, die rücksichtslos zockten, gierig absahnten und sich dann aus der Verantwortung stahlen. Unseriöse Geschäftspraktiken, Wucherzinsen, gigantische Boni oder eine um sich greifende Selbstbedienungsmentalität legen Finger auf schwärende Wunden. Mittlerweile scheint es vielen schwer zu fallen, für ihr Tun und Lassen einzustehen. Ein Unding, wie ich finde, denn wirtschaftliches Handeln und Haftung gehören einfach zusammen.

Der ehrbare Kaufmann steht nicht nur für die eigenen Fehler und deren Folgen für andere ein; er haftet auch für Fehler, die er nicht selbst begangen, und für Schäden, die er sich nicht hat zuschulden kommen lassen. Den strikten Zusammenhang von wirtschaftlichem Handeln und Haftung sehe ich übrigens auch dort gefährdet, wo Unternehmen zu groß geworden sind. Heutzutage besitzen Industrieunternehmen mit zehntausenden, ja hunderttausenden Beschäftigten gegenüber der Öffentlichkeit und der Politik erhebliches Gewicht, nicht zuletzt, weil sie viele Arbeitsplätze schaffen. Diese Bedeutung nehmen auch Banken für sich in Anspruch, die zudem eine unverzichtbare Systemfunktion haben. Droht aufgrund einer selbstverschuldeten Pleite der Zusammenbruch, dann können solche Institutionen geradezu erzwingen, dass Staat und Steuerzahler für die Folgen unternehmerischen Versagens geradestehen. Würde dies zur Regel, dann wäre das zentrale Wechselverhältnis der Marktwirtschaft außer Kraft gesetzt, nämlich das von Risiko und Haftung. Wer über Kapital verfügt und mit seiner Investition Erfolg hat, der darf die Gewinne privatisieren oder sollte sie überwiegend reinvestieren. Aber wessen Rechnung nicht aufgeht, der darf die Verluste nicht sozialisieren.

Der ehrbare Kaufmann handelt aus der Gewissheit heraus, dass sein Handeln nicht nur unternehmerisch zielführend, sondern auch im ethischen, sozialen und ökologischen Sinn langfristig richtig ist. Eine Unternehmenspolitik hingegen, in der die strategischen Führungsentscheidungen vornehmlich auf die Interessen der Unternehmenseigentümer beziehungsweise der Anteilseigner oder Shareholder ausgerichtet sind, hat hauptsächlich Interesse am reinen Gewinn. Zwar ist die Kritik am Shareholder-Value-Gedanken seit Ausbruch der Finanzkrise 2007 stark gewachsen, ihre Folgen und Auswüchse sind jedoch nach wie vor unübersehbar.

Auch in Deutschland kam das Prinzip besonders dadurch in Verruf, dass anonyme internationale Finanzinvestoren Firmen übernahmen und anschließend regelrecht auspressten. Etwa indem sie die Schulden, mit denen sie ihre Übernahme finanziert hatten, den übernommenen Unternehmen aufdrückten. „Manche Finanzinvestoren verschwenden keine Gedanken an die Menschen, deren Arbeitsplätze sie vernichten. Sie bleiben anonym, haben kein Gesicht, fallen wie Heuschreckenschwärme über Unternehmen her, grasen sie ab und ziehen weiter", meinte bereits im April 2005 der damalige SPD-Vorsitzende Franz Müntefering. Damals wurde Müntefering vor allem für seine Metaphorik heftig kritisiert. Inhaltlich stößt er längst auf Verständnis. Und nicht allein das: Wo es um Auswüchse geht, wird sein Bild von den Heuschreckenschwärmen inzwischen gerne gebraucht.

Wer langfristigen Erfolg haben will, fragt nicht nur danach, was eine Sache in Euro und Cent einbringt, sondern was sie am Ende bringt: dem Unternehmen, den Mitarbeitern, dem Handel, den Verbrauchern, der Umwelt. Was bedeutet sie für Marktstellung, Image und Zukunft der Firma? Welche künftigen Investitionen – und damit zusätzliche Arbeitsplätze – könnte sie ermöglichen? Welchen echten Nutzen hat sie für unsere Kunden? Welche Vorteile bringt sie unseren Mitarbeitern? Schließlich gilt es immer, das Verhältnis von Aufwand und Ergebnis genau abzuwägen, eine Rechnung, die bei geschäftlichen Ideen stets aufgehen muss.

Noch einmal: Das wichtigste Kapital der Wirtschaft ist Vertrauen. Dazu gehört auch, keine Versprechungen zu machen, die Produkte oder Dienstleistungen nicht halten. Wer Kunden oder Verbraucher in die Irre oder gar hinters Licht führt, verspielt sein wichtigstes Kapital. Lebensmittelskandale, die uns in jüngerer Zeit umgetrieben haben, zogen Vertrauens- und Imageverluste nach sich, die kurzfristig schwer wieder wettzumachen sind. Empfindlich reagieren Verbraucher und Konsumenten außerdem, wenn sie mit großmäuligen Werbeversprechen geködert werden, die nur leere Worte beinhalten. Nur wenn Produkte und Ideen ein klares, eindeutiges Profil aufweisen, haben sie Wiedererkennungswert. Dann können sie auch für sich verbuchen, ein echter Markenname zu sein. Dauerhaft erfolgreiche Marken sind eben kein Bündel möglichst origineller oder schriller Botschaften. Sie sind ein Leistungsversprechen, das es einzulösen gilt.

RESPEKT, TOLERANZ UND WEITSICHT ZAHLEN SICH AUS

Obschon Bevölkerungsforscher aktuell wieder einen Anstieg der Geburtenrate prognostizieren, ändert sich an der Entwicklung grundsätzlich nichts. Die deutsche Bevölkerung schrumpft und altert – mit folgenschweren Auswirkungen auf unsere Sozialsysteme. Längst ist die Alterspyramide zu einem Pilz mutiert, dessen Stängel immer länger und dessen Hut immer schwerer wird. Und der Altersquotient – das Verhältnis der Menschen im Rentenalter über 60 Jahre zu jenen im Erwerbsalter, das heißt die 20- bis 59-jährigen – wird sich in den kommenden Jahren so weit verschlechtern, dass 2060 nahezu jeder dritte Deutsche im Ruhestand sein dürfte. Ob er dann auch ausreichend Rente für ein auskömmliches Leben beziehen kann, scheint bereits heute vielen fraglich.

Als eine hauptsächliche Ursache für die sinkende Geburtenrate gilt die schwierige Vereinbarkeit von Beruf und Elternschaft. Hier sind nicht nur die Politiker, sondern auch die Verantwortlichen in Wirtschaftsunternehmen gefordert, Familien und insbesondere Frauen zu fördern. Und zwar nicht allein deshalb, weil unsere Wirtschaft bei einer alternden und schrumpfenden Bevölkerung auf die Leistungsbeiträge der Frauen angewiesen ist. Frauen sind heute schulisch, beruflich oder akademisch hervorragend qualifiziert. Sie verfügen über ein hohes Maß an sozialer Kompetenz und Einfühlungsvermögen. Mehrere Studien haben nachgewiesen, dass gemischte Teams mit Frauen und Männern zielorientierter vorankommen als homogene Gruppen. Insgeheim heißt es sogar, dass Frauen die besseren Führungskräfte seien und effizienter arbeiteten, weil ihnen mehr an den Unternehmenszielen gelegen ist, den Männern hingegen daran, selbst auf der Karriereleiter aufzusteigen.

Reinen Tisch sollte man nicht mit schmutzigen Händen machen.

HANNS-DIETRICH VON SEYDLITZ

Wollen Unternehmen zukunftsfähig bleiben, haben sie gar keine andere Wahl, als mit geeigneten Mitteln zur Vereinbarkeit von Familie und Beruf beizutragen. Für mich steht jedenfalls fest: Eine Unternehmens- und Personalpolitik, die die Belange von Familien berücksichtigt und konkrete Maßnahmen für familienfreundliche Regelungen von Arbeitszeiten und Arbeitsabläufen einführt, bringt allen Seiten Mehrwert. Ein ausgeglichenes Familienleben macht Menschen zufrieden, was sich wiederum positiv auf Motivation und Arbeitsleistungen auswirkt. Flexible Arbeitszeitmodelle, Teilzeitstellen, Arbeitsplätze im Home Office, Wiedereingliederungsmaßnahmen nach der Babypause oder Familienphasen, in denen Mütter oder Väter den Betrieben nicht oder nur eingeschränkt zur Verfügung stehen, sollten Unternehmen jederzeit ermöglichen.

Auch der Blick auf den drohenden Fachkräftemangel infolge des demografischen Wandels in Deutschland erfordert ein Umdenken in Politik und Unternehmertum. Hier sind verstärkte Anstrengungen erforderlich, um Deutschland für Zuwanderer attraktiver zu machen. Etwa 5,2 Millionen Fachkräfte, so prognostiziert die Bundesagentur für Arbeit, werden uns bis 2030 fehlen. Einen Lichtblick bieten die Fakten und Zahlen der Ende Mai 2013 vom Statistischen Bundesamt vorgelegten aktuellen Zuwandererstatistik: Im Zuge der Wirtschaftskrisen, die europäische Länder wie Griechenland, Spanien oder Portugal seit geraumer Zeit erschüttern, versucht erstmals eine neue, junge und hervorragend qualifizierte Auswanderergeneration bei uns Fuß zu fassen. Fast die Hälfte der jungen Migranten, die 2012 zu uns gekommen sind, weil sie in der Heimat keine Chancen mehr sahen, sind Akademiker. Insgesamt zogen 2012 1 081 000 Menschen zu uns. Das ist erfreulicherweise der höchste Zuwanderer-Wert seit 20 Jahren. Rechnen wir allerdings jene heraus, die im selben Zeitraum Deutschland den Rücken gekehrt haben, sieht das Verhältnis völlig anders aus. De facto beläuft sich der Bevölkerungszuwachs auf 369 000 Menschen, was längst nicht ausreicht, um den langfristigen Bedarf an qualifizierten Arbeitskräften zu decken. Die Bundesregierung setzt sich deshalb für eine Liberalisierung des deutschen Arbeitsmarktes ein. Wer bei uns leben und arbeiten will, dem sollten nicht unnötig Steine in den Weg gelegt werden. Ausgrenzungen und Barrieren schaden nicht nur unserem internationalen Ansehen, sie schwächen auch die nationale Wirtschaftskraft unseres Landes.

Wo es um den Ausbau von attraktiven Arbeitsplätzen für Menschen aus anderen Ländern geht, sind Politik und Wirtschaft gleichermaßen gefordert. Da müssen die rechtlichen Voraussetzungen ebenso gegeben sein wie die strukturellen Rahmenbedingungen in den einzelnen Betrieben. Eine selbstverständliche Übung sollte es eigentlich sein, dass Unternehmen die aktuellen Spielregeln der Arbeitnehmerfreizügigkeit innerhalb der EU sowie die Bestimmungen bei der Beschäftigung von Drittstaatsangehörigen nicht nur kennen, sondern auch wissen, wie diese rechtssicher umzusetzen sind. Leider ist dem nicht immer so. Migration kann immer nur dann ein Gewinn sein, wenn die ökonomische und die soziale Eingliederung im Aufnahmeland zu gleichen Teilen gut gelingen. Das gilt sowohl aus volkswirtschaftlicher Sicht als auch individuell für die Zuwanderer selbst.

Dazu benötigen wir eine Unternehmenskultur, die von Respekt und Toleranz geprägt ist. In einem Arbeitsumfeld, das nicht frei von Vorurteilen, Ausgrenzungen, Diskriminierungen oder Lohndivergenzen zwischen Zuwanderern und Einheimischen ist, kann Integration nicht glücken. Rücksichtnahme ist auch da geboten, wo ethnische oder religiöse Gefühle verletzt werden könnten. Ob ein praktizierender Muslim während der Arbeitszeit beten, eine Türkin mit Kopftuch am Arbeitsplatz erscheinen oder eine Betriebskantine koscher kochen soll, mag jeweils eine Ermessensfrage sein. Auf alle Fälle ist aber das interkulturelle Miteinander am Arbeitsplatz auf Fingerspitzengefühl angewiesen, kurzum: auf Empathie. Und nicht zuletzt braucht die Verständigung zwischen verschiedenen Kulturen auch auf beiden Seiten den Willen, auf die Welt nicht nur durch die eigene Brille, sondern auch aus einer anderen Warte zu schauen.

WENN DIE WORK-LIFE-BALANCE AUS DEM RUDER GERÄT

Nicht nur von unseren Spitzenkräften wird Flexibilität, Mobilität und ständige Erreichbarkeit erwartet, hoher Zeit- und Leistungsdruck lastet heute auf fast allen. Zwischen Arbeit und Freizeit eine Grenze zu ziehen, wird für viele Menschen immer schwieriger. Der Leistungsdruck nimmt beständig zu. Schüler sind dagegen ebenso wenig gefeit wie Eltern, Selbstständige oder Mitarbeiter in Unternehmen; sogar Ruheständler beklagen Stresssymptome. Oasen der Ruhe sind seltene Orte geworden. Entspannung und Besinnung oder gar Müßiggang sind in unserer schnelllebigen und hektischen Zeit rare Momente. Offenbar ist die viel beschworene „Work-Life-Balance" zu einem Ideal verkommen, das zwar angestrebt wird, aber nicht gelebt werden kann. Nicht nur, weil immer weniger Schultern immer mehr Arbeit tragen müssen. Um den Lebensunterhalt bestreiten zu können, muss auch immer härter und immer mehr gearbeitet werden. Die Zahl derjenigen, die neben ihrer Hauptbeschäftigung noch einem Nebenjob nachgehen, weil das Geld, das sie verdienen, nicht zum Leben reicht, ist in den vergangenen Jahren drastisch angestiegen.

Kommen zu Leistungs- und Zeitdruck weitere Faktoren hinzu wie mangelnde soziale Anerkennung, schlechte Arbeitsbedingungen, Unter- oder Überforderung oder gar Angst um den Arbeitsplatz, dann verursacht Arbeit gesundheitsgefährdenden Stress mit bisweilen sogar tödlichem Ausgang. Die Suizid-Welle 2008/09 beim ehemaligen Staatskonzern France Télécom, wo sich innerhalb von 19 Monaten 25 Mitarbeiter das Leben nahmen, machte die Öffentlichkeit fassungslos. Gewerkschaften und Medienvertreter machten damals den radikalen Umbau infolge der Privatisierung und den dadurch ausgelösten Stress für die Selbstmorde verantwortlich.

Das Beispiel aus unserem Nachbarland mag krass sein. Fakt ist jedoch, dass Diagnosen wie Angst-, Ess- oder Schlafstörungen, Burnout oder Depressionen inzwischen eine fast doppelt so große Rolle spielen wie noch Ende der Neunzigerjahre. Jede vierte seelische Erkrankung geht auf Überforderungen im Berufsleben zurück. Aktuell rechnet die Weltgesundheitsorganisation sogar damit, dass psychische Störungen bis zum Jahr 2020 die Hauptursache für Arbeitsunfähigkeit sein werden. Diese Prognose untermauert die hiesige Krankenkasse DAK, die für den Zeitraum zwischen 1997 und 2012 eine 165-prozentige Steigerung der Fehltage infolge psychischer Erkrankungen verzeichnete. Hinzu kommt, dass sich immer mehr Menschen verfrüht aus der Arbeitswelt verabschieden, weil die Seele den enormen Anforderungen nicht mehr standhält. So machte etwa die Deutsche Rentenversicherung im Jahr 2010 für nahezu 40 Prozent aller Frühverrentungen psychische Ursachen verantwortlich. Ebenso alarmierend sind die Zahlen, die das Bundesministerium für Arbeit und Soziales gemein-

Das Land, das die Fremden nicht beschützt, geht bald unter.

JOHANN WOLFGANG VON GOETHE

sam mit der Bundesanstalt für Arbeitsschutz und Arbeitsmedizin für das Jahr 2011 vorgelegt hat. Allein infolge von seelischen Erkrankungen wurden über 59 Millionen Krankheitstage bundesweit gezählt. 27 Milliarden Euro werden jährlich laut Statistischem Bundesamt aufgewendet, um arbeitsbedingte Leiden zu kurieren. Bis 2030, so die Prognosen, werden die Kosten um 20 Prozent, nämlich auf 32 Milliarden Euro ansteigen. Ebenfalls erheblich zu Buche schlagen die Produktionsausfälle, die Unternehmen schultern müssen, wenn ihre Mitarbeiter krank sind. Im Sommer 2011 rechnete die Unternehmensberatung Booz & Company beispielhaft die Kosten hoch, die 2009 für alle deutschen Unternehmen aus diesem Grund angefallen waren: Die Gesamtsumme beläuft sich auf stattliche 129 Milliarden Euro.

Da der volkswirtschaftliche Schaden immens ist, ist jeder Euro, der in Präventionsmaßnahmen investiert wird, Gold wert. Insofern ist es kein Wunder, dass die betriebliche Gesundheitsförderung mehr und mehr in den Fokus rückt. In Frankreich ließ sich France Télécom die Stressprävention immerhin eine Milliarde Euro kosten. Um Qualitätskriterien für das betriebliche Gesundheitsmanagement zu entwickeln und für Beschäftigte und Führungskräfte praktische Handlungsleitlinien zu erarbeiten, wurde in Deutschland das Projekt „Psychische Gesundheit in der Arbeitswelt“ geschaffen, das das Bundesministerium für Arbeit und Soziales seit 2012 fördert.

Doch was können Unternehmen konkret tun, um Überforderung am Arbeitsplatz entgegenzuwirken? Einige große Firmen sind inzwischen dazu übergegangen, ihre Führungskräfte in Schulungen dafür zu sensibilisieren, dass sie die Verantwortung für die Gesundheit ihrer Mitarbeiter tragen. Andere Betriebe wiederum veranstalten Gesundheitstage oder bieten Präventionskurse an, um dem arbeitsbedingten Stress den Kampf anzusagen.

Eine entscheidende Rolle, ob sich Mitarbeiter wohl- oder unwohlfühlen, spielt das Arbeitsklima. In Mitleidenschaft gezogen wird es besonders dort, wo die innerbetriebliche Kommunikation gering oder mangelhaft ist. Negativ wirkt sich außerdem aus, wenn Entscheidungsspielräume für die Mitarbeiter zu eng gefasst werden. Besonders wichtig für ein gutes Betriebsklima ist, dass Mitarbeiter Unterstützung und Anerkennung seitens ihrer Kollegen und durch Vorgesetzte erfahren.

Gesundheitliche Beeinträchtigungen und Fehlzeiten stellen sich häufig dann ein, wenn am Arbeitsplatz fortwährend erlebt wird, dass erbrachte Leistungen nicht gewürdigt werden. Und Mitarbeiter sind generell weniger gestresst und seltener krank, wenn Klarheit darüber herrscht, wie das Unternehmen wirtschaftlich dasteht und ob der Arbeitsplatz sicher ist. Auch flexible Arbeitszeiten sind für ein positives Arbeitsumfeld gut. Besonders wichtig ist jedoch ein Vorgesetzter, der seinen Mitarbeitern Vertrauen schenkt und eine angstfreie Atmosphäre schafft. Ein partnerschaftlicher, mitarbeiterorientierter Führungsstil, der auf Fairness, Unterstützung, Kooperation und Vertrauen baut, beugt Stress zuverlässig vor.

MOBBING IST CHEFSACHE!

Wer von arbeitsbedingten seelischen Erkrankungen spricht, muss auch Mobbing erwähnen. Dass es das Wort, das heute in aller Munde ist, vor 20 Jahren im deutschen Sprachgebrauch noch gar nicht gab, ist sicherlich ein Indiz dafür, dass der Leistungsdruck in den beiden letzten

Jahrzehnten in allen gesellschaftlichen Bereichen überproportional zugenommen hat. Im Jahr 1996 entschied sich die Dudenredaktion dafür, den Begriff in das Wörterbuch aufzunehmen. Nach der Jahrtausendwende zogen in Deutschland erstmals Geschädigte vor Gericht. In der Folge begannen sich auch Therapeuten, Psychologen, Rechtsanwälte, Unternehmensberater und andere Experten im größeren Stil mit den Ursachen und Symptomen von Mobbing zu beschäftigen. Längst ist Mobbing auf allen Kanälen „großes Fernsehen". Ausführliche Berichte über die Schicksale von Menschen, die Psychoterror am Arbeitsplatz erfahren haben, füllen die Medien regelmäßig, und die Ratgeber dazu boomen. Allein bei einem großen Internetversender waren zu dem Zeitpunkt, zu dem ich dieses Kapitel ausgearbeitet habe, über 1 500 Bücher zum Thema lieferbar. Fast hat es den Anschein, als sei Mobbing zu einem Volkssport geworden.

Schätzungen gehen davon aus, dass jeder fünfte Suizid direkt oder indirekt auf Mobbing zurückzuführen ist. Folgen wir Angaben des Statistischen Bundesamtes und des Instituts für Markt- und Sozialforschung, ergibt sich ein klares Bild: 2012 waren 1,8 Millionen Menschen an ihrem Arbeitsplatz von Mobbing betroffen. Allein die Fehltage, die dadurch entstanden sind, kosteten deutsche Unternehmen 2,3 Milliarden Euro, was ein beträchtlicher volkswirtschaftlicher Schaden ist.

Obwohl Mobbing somit Chefsache sein sollte, verschließen viele Entscheider davor die Augen. So sie überhaupt wahrnehmen, dass Mitarbeiter über einen längeren Zeitraum hinweg verbal attackiert, drangsaliert, diskriminiert oder schikaniert werden, schalten sie sich meist zu spät ein. Nämlich dann, wenn die Konflikte bereits eskaliert sind und Hilfe für das Opfer zu spät kommt. Mit disziplinarischen und arbeitsrechtlichen Maßnahmen wird dann alles daran gesetzt, den Betriebsfrieden wiederherzustellen. Eine Lösung ist das sicher nicht, weil in der Hektik zwangsläufig ausgeblendet wird, wie es zu der tragischen Situation gekommen ist.

Noch immer scheinen sich viel zu wenige Führungskräfte bewusst zu sein, dass Mobbing am Arbeitsplatz vornehmlich strukturelle Ursachen hat, für die sie in der Regel selbst verantwortlich zeichnen. Gemobbt wird verstärkt dort, wo Konflikte nicht wirklich gelöst, sondern nur oberflächlich geglättet werden. Eine defizitäre interne Kommunikation, eine unzureichende Diskussionskultur im Unternehmen oder ein schlechtes Betriebsklima begünstigen die psychische Gewalt am Arbeitsplatz. Gleiches gilt für Mitarbeiter, die ständig überfordert oder unterfordert werden. Übermäßiger Zeitdruck, unangemessene Personalentscheidungen oder gravierende Lohnungleichheiten tragen ebenfalls dazu bei.

Die Wahrscheinlichkeit für Mobbing steigt zudem in wirtschaftlichen Krisenzeiten. Wo betriebliche Umstrukturierungen vorgenommen werden und die Mitarbeiter Angst um ihren Arbeitsplatz haben, nehmen Neid und Missgunst zu. Manch einer macht seinen Kollegen schlecht, um die eigene Stelle zu sichern. Und auch Vorgesetzte sind in wirtschaftlich schlechten Zeiten leider nicht immer davor gefeit, dubiose Gründe für Entlassungen zu finden. Weiß ein gemobbter Mitarbeiter keinen Ausweg aus der Situation mehr, kündigt er aus eigenem Antrieb. Wichtig zu wissen ist, dass Mobbing kein einmaliges Geschehen ist, sondern dass

> Man sollte nie so viel zu tun haben, dass man zum Nachdenken keine Zeit mehr hat.
>
> GEORG CHRISTOPH LICHTENBERG

sich schikanöse Handlungen über einen längeren Zeitraum hin wiederholen. Experten sprechen von Mobbing, wenn sich die Attacken über ein halbes Jahr oder länger hinziehen und mindestens einmal pro Woche vorkommen. Kennzeichnend ist die Absicht, das Opfer beziehungsweise sein Ansehen zu schädigen und es aus seiner Position zu verdrängen. Selten geht der Kampf um Status und Einfluss ohne Schäden aus. Beteiligt sind alle, die am Arbeitsplatz miteinander in Kontakt stehen. Mobbing findet unter Kollegen statt, zielt von Vorgesetzten gegen Untergebene („Bossing"), auch ganze Abteilungen können geschlossen gegen einzelne Kollegen oder Vorgesetzte vorgehen („Staffing"). Frauen sind viel stärker betroffen als Männer. Auch Randgruppen und Minderheiten werden häufiger gemobbt.

Wie kann es nun überhaupt dazu kommen, dass Vorgesetzte ihre Fürsorgepflicht gegenüber den Mitarbeitern verletzen und durch ihr Verhalten eine vergiftete Arbeitsatmosphäre schaffen, in der sich keiner mehr wohlfühlt? Wäre es nicht vielmehr in ihrem ureigenen Interesse, für ein angenehmes Arbeitsklima zu sorgen? Entscheider, die Mitarbeiter drangsalieren oder demütigen, leiden nicht selten unter Persönlichkeitsproblemen. Eine Rolle spielen vielfach Ängste vor Autoritätsverlust oder Machteinbußen im Unternehmen. Druck wird von oben erzeugt, um eigene Frustrationen abzubauen. Vielfach mangelt es aber auch ganz einfach an sozialer Kompetenz und Führungssicherheit, was durch übertriebene Härte und allzu strenge Disziplin kaschiert werden soll. Generell gilt: Je schlechter ein Unternehmen organisiert ist, je unklarer die Zuständigkeiten in den Abteilungen sind, umso größer ist auch die Gefahr, dass sich Psychoterror am Arbeitsplatz entwickeln kann. Mobbing ist daher immer Chefsache!

VOM VORBILD ZUR KARIKATUR

Unsere „Promis“ zwischen Öffentlichkeit und Schamlosigkeit

Das „Sichtbarmachen und Hineintragen eines großen Vorbildes in unser Alltagsleben hat in unseren Tagen erhöhte Bedeutung gewonnen – nicht nur für die ringende Jugend. Unter den Menschen aber, die sich ein Anrecht erworben haben, groß und verehrungswürdig genannt zu werden, nimmt der religiöse Held, der Heilige, eine Sonder- und Vorrangstellung ein, weil er über sich selbst hinausweist auf die ewigen Kräfte und Wahrheiten, aus denen der Einzelne und aus denen ein Volk lebt."

Keine Sorge, ich neige nicht zu akuten Anfällen von Pathos. Ich zitiere lediglich aus der Einleitung eines Werkes, das einst in keinem katholischen Haushalt fehlen durfte: *Helden und Heilige*, erschienen zu Beginn der Zwanzigerjahre des 20. Jahrhunderts und bis Ende der Sechziger immer wieder nachgedruckt. Der Autor Hans Hümmeler stellt darin Leben und Wirken bedeutender Heiliger der katholischen Kirche vor. Nun bin ich als gläubiger Katholik gewiss der Letzte, der davon abriete, sich am Leben, am Wirken und am Glaubenszeugnis von Männern wie Franz von Assisi, an einem Märtyrer des frühen Christentums wie dem Heiligen Christophorus, an einer großen Mystikerin und Kirchenlehrerin wie Hildegard von Bingen oder an einer mutigen Ordensfrau wie Edith Stein zu orientieren. Einzelne Heilige im Gebet anzurufen kann für den Christen überdies Ermutigung und persönliche Stärkung im Glauben sein.

Vom Standpunkt unserer alltäglichen Sorgen und Nöte, unserer allzu menschlichen Schwächen aus betrachtet, empfinden wir aber häufig einen gewissen Abstand zu den Heiligen. Ihr Vorbild scheint uns, die wir ja vom Stande der Heiligkeit meist sehr entfernt sind, zu groß. Da geht es ihnen nicht anders als jenen herausragenden Menschen, die auch vielen Nichtchristen, Atheisten oder Agnostikern als leuchtende Vorbilder gelten: Albert Schweitzer etwa, Mahatma Gandhi oder die selige Mutter Teresa. Wir bewundern sie, aber wir halten sie für große Ausnahmen. Denn was Selbstlosigkeit, Nächstenliebe oder Opferbereitschaft betrifft, sind wir gegenüber den meisten unserer Mitmenschen – und wenn wir ganz ehrlich sind, auch gegenüber uns selbst – eher skeptisch.

Egoismus und das Bedachtsein auf den eigenen Vorteil genießen leider eine ungebrochene Konjunktur. Eine Art Sozialdarwinismus light, demzufolge jeder selbst schauen soll, wie er klarkommt, ist eine weit verbreitete Ideologie unserer Tage. Wer dagegen lieber von der Befähigung des Menschen zum Guten spricht, bekommt schnell das zynische Prädikat „Gutmensch" verliehen. Dazu passt die verbreitete Neigung, am Bild weithin akzeptierter Vorbilder kräftig zu kratzen. Es geht mir nicht darum, über die Stichhaltigkeit dieser Kritik zu urteilen. Dass es sie gibt, belegt aber, dass zwar niemand etwas gegen das Gute, gegen Anstand, Menschlichkeit, Hilfsbereitschaft oder Nächstenliebe hat. Aber nur wenige glauben, dass dies die vorzüglichsten Begabungen des Menschen seien.

VOM MISSTRAUEN GEGENÜBER POLITIKERN, MANAGERN UND CO.

Wie aber steht es um unseren Blick auf irdische Vorbilder? Ohne Zweifel gibt es zum Beispiel herausragende und integre Politiker, die von vielen Menschen, auch über Parteigrenzen hinweg, geschätzt werden. Doch es liegt in der Natur des politischen Geschäfts, dass unterschiedliche Standpunkte und Weltbilder solche Sympathien begrenzen. Wohl mildert der zeitliche Abstand meist politische Zu- und Abneigungen zu einzelnen Persönlichkeiten. Nicht umsonst genießen „Elder Statesmen" wie Richard von Weizsäcker oder die Brüder Hans-Jochen und Bernhard Vogel heute ein viel breiteres Ansehen als zu ihren politisch aktiven Zeiten. Auch gelingt es nur wenigen Politikern zu Lebzeiten, der Unterstellung zu entgehen, dass sich hinter ihren hehren Bekenntnissen zum Gemeinwohl, hinter gelegentlichen Klagen über die drückenden Sorgen und Pflichten des Amtes ganz andere Antriebe verbergen: Machtgier, Jagd nach materiellen und symbolischen Privilegien, Abhängigkeit von Lobbys, wirtschaftlichen Interessengruppen und dergleichen mehr. Fragt man die Deutschen, welchen Berufsgruppen sie vertrauen, dann landen Feuerwehrleute, Ärzte und Polizisten – die viel beschworenen „Helden des Alltags" – fast immer auf den vorderen Rängen. Während Politiker sich mit den hinteren Plätzen zufrieden geben müssen.

Persönlichkeiten, nicht Prinzipien, bringen die Zeit in Bewegung.

OSCAR WILDE

Dass es nach den Finanzmarktexzessen der letzten Jahre um den Ruf unserer Wirtschaftsführer, von denen einige es in den Boomjahren fast zu Popstars gebracht haben, kaum besser steht, wird niemanden verwundern. Ob der Vorstandschef eines DAX-Unternehmens wirklich das 150-fache eines durchschnittlichen Mitarbeiters verdienen muss; ob es reicht, dass es im Schnitt aller DAX-30-Chefs das 70-fache ist; oder ob es, wie vor 25 Jahren, auch das zehn- bis zwanzigfache täte – all das sind legitime Fragen. Ja, viele Manager der Oberliga spenden große Teile ihrer Einkünfte, das Übrige investieren sie meist konservativ, was beides der Gesellschaft zugute kommt.

Aber das Image der Wirtschaftseliten nimmt immer wieder schweren Schaden, wenn Nieten in Nadelstreifen ihre Firmen an den Rand des Abgrunds führen, wenn sie damit Hunderte oder Tausende von Existenzen gefährden – und sich dann kurz vor der Pleite mit Millionenabfindungen aus dem Staub machen.

Viele Menschen bewundern gleichwohl dynamische Firmengründer wie Bill Gates, Steve Jobs oder den Facebook-Erfinder Mark Zuckerberg. Und auch vielen traditionellen Mittelständlern, die sich gegenüber Lieferanten, Kunden und Mitarbeitern persönlich verantwortlich fühlen, versagen sie den Respekt nicht. Aber natürlich ist den Leuten bewusst, dass hinter unternehmerischem Streben nicht nur selbstlose Absichten stehen. Vernünftige Renditeerwartungen sind zwar nicht dasselbe wie maßlose Profitgier. Aber es geht halt schon auch um Geld. Und da jeder Mensch andere Ansichten darüber hegt, welche Einkommen oder Gewinne angemessen sind, ab wann Geldverdienen aber angeblich unanständig sein soll, färbt der schlechte Ruf gieriger Topmanager oder windiger Millionäre leider auch auf die große Mehrheit der soliden Repräsentanten unserer Wirtschaft ab.

Die soziale Marktwirtschaft kommt ohne den von der Suche nach persönlichen Chancen getriebenen „Homo oeconomicus" nun mal nicht aus. Aber nicht allein, dass in einer *sozialen* Marktwirtschaft zum freien Spiel der Kräfte auch Regeln gehören. Ich bin überhaupt nicht damit einverstanden, wenn Ökonomen besagten „Homo oeconomicus" zum einzig vertretbaren Menschenbild verklären. Der Mensch ist nicht nur ein rationaler Nutzenmaximierer. Weit öfter wird er von unbewussten Motiven angetrieben. Auf der anderen Seite ist er genauso zu Gemeinsinn, Hilfsbereitschaft und Mitmenschlichkeit befähigt.

Deshalb verstehe ich nicht, warum wohlhabenden, reichen und sehr reichen Mitbürgern oft vorrangig eigennützige Motive unterstellt werden, wenn sie Gutes tun. Etwa, dass sie mit Spenden oder Stiftungen hauptsächlich steuerliche Vorteile erzielen wollten. Dass sie mit ihrer Wohltätigkeit nur ihr schlechtes Gewissen beruhigten. Im besten Fall seien Spenden für Kunst, Wissenschaft oder Sport, seien karitative Aktivitäten oder sozial engagierte Stiftungen doch nur eine Form ausgeklügelter PR. Und die komme am Ende auch noch preiswerter und schmücke darüber hinaus mehr als kommerzielle Werbung. Wenn Philanthropen wie Warren Buffett oder George Soros ihre Spitzenplätze auf der *Forbes*-Liste der Superreichen dann noch geschicktem Agieren auf den Finanzmärkten verdanken, siegt die Häme endgültig: Da spiele sich gerade der Richtige als Retter der Menschheit auf!

Unterm Strich lässt sich gegen derlei Ansichten wenig ausrichten. Es gibt ohne Zweifel Vorbilder in Wirtschaft und Politik. Aber in beiden Bereichen überwiegen nach Meinung der meisten Leute Partei- und Machtinteressen sowie materielle Triebkräfte. Und da viele dazu neigen, Vorbildhaftigkeit mit Selbstlosigkeit zu verwechseln, suchen sie hier, wenn überhaupt, Vorbilder nur in einem eingeschränkten Sinne. Ganz nach dem Motto: Die besten Fußballer sind auch nur selten die fairsten Spieler. Sicher, ein erfolgreicher Unternehmer muss kein charakterlich herausragender Mensch sein. Die meisten Leute gehen wohl eher vom Gegenteil aus. So wie sie Politiker höchstens so lange für ehrliche Häute halten, wie diese nichts zu sagen haben. Es ist ja auch nicht ganz von der Hand zu weisen: Um in die Schaltzentralen der Macht vorzudringen, braucht es den entsprechenden Willen, taktische Raffinesse – und wohl eher geringe Beißhemmungen gegenüber möglichen Rivalen. Alles keine Talente, die jemanden zum leuchtenden Vorbild qualifizieren.

Nun ist es sicher richtig, wenn wir an die Integrität und den Anstand von Entscheidungs- und Verantwortungsträgern in Politik, Wirtschaft und Gesellschaft strengere Maßstäbe anlegen. Wer viel bewegt, kann auch mehr Unheil anrichten. Da ist es unter anderem ein Unterschied, ob ein Unternehmer einen Politiker zum Essen einlädt, um mit ihm über Umweltauflagen zu plaudern – oder ob Sie Tante Gerda in Ihr Ferienhaus einladen, damit sie Sie bei der Kinderbetreuung unterstützt. Ob Sie mit der Familie im Firmenwagen zur Eisdiele fahren, das aber nicht als Privatfahrt ins Fahrtenbuch eintragen, oder ob ein Konzernvorstand den Firmenjet benutzt, um andernorts seine Aufsichtsratsmandate wahrzunehmen.

In der Summe scheint es mir bei der Suche nach Vorbildern so zu sein: Wem der Erfolg recht gibt, dem wird der gute Wille schnell abgesprochen. Am besten kommen hier wohl noch Wissenschaftler, Künstler und Intellektuelle weg. Aber die sind oft zu wenigen Menschen bekannt. Vor allem aber sind weiß Gott nicht nur vorbildliche Charaktere befähigt, bedeutende Entdeckungen zu machen, beeindruckende Werke zu schaffen oder imposante Ideengebäude zu entwickeln.

WARUM WIR PROMINENTE VORBILDER MIT GLAMOUR BRAUCHEN

Blieben also als mögliche Vorbilder für Anstand, gutes Benehmen und Stil jene Stars und Prominente, die einer breiten Öffentlichkeit bekannt sind, weil sie nach Meinung sehr vieler Menschen Herausragendes im Bereich populärer Künste oder des Sports leisten: Film- und Fernsehstars, international bekannte Popmusiker, berühmte Fußballer, Tennisspieler oder Rennfahrer. Zumindest deren Beliebtheit beim Publikum (über ihre Vorbildfunktion gleich mehr) ist oft überragend. Mit der erstaunlichen Nebenfolge übrigens, dass dieses Publikum seinen Stars ihre teils astronomischen Einkünfte, anders als Unternehmern und Finanzmagnaten, überhaupt nicht neidet. Der derzeit bestbezahlte Hollywood-Schauspieler, Tom Cruise, verdient im Jahr 57 Millionen Dollar. Dabei sind schon die Meinungen über sein schauspielerisches Talent eher geteilt, sein Engagement für die Scientology-Sekte qualifiziert ihn gar zum Anti-Vorbild.

> Prominenz ist eine Eigenschaft, die nicht durch Auslese, sondern durch Beifall zustande kommt.
>
> FRIEDRICH SIEBURG

Ich bin zu einer Zeit groß geworden, in der Filmstars wie Cary Grant, Sophia Loren oder Marlene Dietrich, eine Operndiva wie Maria Callas oder ein Weltklassefußballer wie Pelé hauptsächlich wegen zweier Dinge von vielen Menschen als Vorbilder bewundert, ja verehrt wurden: einmal wegen ihrer künstlerischen oder sportlichen Leistungen, zum anderen aufgrund ihrer nicht nur glamourösen, sondern regelrecht stilbildenden Eleganz. Cary Grant galt als Ikone des Gentlemen: geschliffene Formen, stets perfekter Auftritt, sei es nun im Smoking, sei es in Chinos, Pulli und Pennyloafern. Die Loren war die Stilikone klassisch-konventioneller, Grace Kelly die einer unterkühlt perfekten, Audrey Hepburn oder die Callas Vorbilder einer schlichten und modernen weiblichen Eleganz. Die Dietrich definierte mit den nach ihr benannten weiten Hosen gar einen eigenen, völlig neuen Stil. Dass sie als einer der eher wenigen Stars des deutschen Vorkriegsfilms emigrierte, verfolgten Kollegen nach Kräften half und sich den Nazis auch öffentlich klar entgegenstellte, brachte ihr zwar unmittelbar nach dem Krieg in Deutschland nicht nur Freunde ein, steigerte ihren Ruf auf lange Sicht aber nahezu ins Legendäre.

Sicher, auch früher war es Gegenstand interessierten Klatsches, dass etwa Humphrey Bogart und das „Hollywood Rat Pack" nicht nur auf der Leinwand, sondern auch an der Bar zu großer Form auflaufen konnten. Die Scheidungs- und Versöhnungsdramen sowie die Alkoholprobleme von Elisabeth Taylor und Richard Burton beschäftigten die Regenbogenpresse über Jahre. Letzteres aber nur, weil sie beide vor allem grandiose Schauspieler waren. Auf der anderen Seite der Skala führten Bogart und Lauren Bacall bis zum frühen Tod des Schauspielers 1957 eine glückliche und völlig skandalfreie Bilderbuch-Ehe. Bogart unterstützte sein Leben lang diskret Kollegen, die in wirtschaftliche oder, während der McCarthy-Ära, in politische Schwierigkeiten geraten waren. Audrey Hepburn widmete sich die letzten 23 Jahre ihres Lebens nahezu ausschließlich humanitären Projekten, unter anderem als UNICEF-Sonderbotschafterin. Der Hollywood-Star Paul Newman, der nicht nur als Schauspieler, sondern vor allem als Unternehmer reich wurde, gehörte zu den großen Philanthropen der USA und gründete mehrere Stiftungen, u. a. für krebskranke Kinder oder gegen Drogenmissbrauch. Das sind nur wenige, wenngleich nicht wahllos herausgegriffene Beispiele. Sie belegen für mich aber, dass es einmal Zeiten gab, in denen populäre Stars in jedem Wortsinne als Vorbilder gelten konnten.

Über die größeren und kleineren Fehltritte der Mächtigen wurde immer schon geklatscht, ebenso wie über die von Dichtern und Denkern, die von populären Komödianten oder Gladiatoren. Die Regenbogenpresse ist dagegen ein Kind der Zeit nach 1945. Doch im Vergleich mit den Fünfziger- und Sechzigerjahren des 20. Jahrhunderts ist der Boulevard heute nicht nur sehr viel breiter geworden, auch um die Sauberkeit von Sunset Boulevard, Champs-Élysées, Via Veneto oder Maximilianstraße steht es – im übertragenen wie im realen Sinne – zunehmend schlecht.

Dass es im Fernsehen einmal eine Zeit gab, in der Boulevard und Prominentenberichterstattung nicht mit grenzenlosem Voyeurismus identisch waren, ist heute nur noch schwer zu glauben. Ebenso wenig wie die Tatsache, dass der Status der „Prominenz" einstmals mit mehr Lebensleistung verbunden sein musste als bloßer Bekanntheit an sich. Ältere Semester mögen sich noch an die von 1971 bis 1980 im ZDF ausgestrahlte *V.I.P.-Schaukel* erinnern. Die Österreicherin Margret Dünser interviewte für diese Sendung bekannte Schauspieler oder Aristokraten, Politiker wie Edward Kennedy, Ronald Reagan und den spanischen Diktator Franco, aber auch Schriftsteller von Weltrang wie Truman Capote und Eugène Ionesco, Künstler wie Salvador Dalí oder den Anlagebetrüger Bernie Cornfeld. Sie tat dies – heute undenkbar – nicht etwa täglich, sondern lediglich sechs- bis achtmal im Jahr. Und sie tat es – heute beinahe ebenso undenkbar – mit Distanz, Stil und ausgesuchter Höflichkeit. Mit zarter Ironie entlockte sie ihren Interviewpartnern deren kleine Schwächen. Aber mit ebenso großer Hartnäckigkeit vermochte sie, an allzu sorgsam gepflegten Fassaden und Legenden zu kratzen. Dabei war die Journalistin selbst vollkommen uneitel: Ihre Stimme kam stets aus dem Off, und außer ihrer beeindruckend stabil gestalteten Frisur am Bildrand war im Fernsehen von ihr nur wenig zu sehen.

Heute füllen die Produkte der Promi-Presse ganze Regale des Zeitschriftenhandels. Galten viele Klatschblätter früher als Wochenendlektüre in die Jahre gekommener Damen, so ist mittlerweile für jede denkbare Ziel- und Altersgruppe etwas dabei. Im Flieger greifen auch die Herren in der Businessklasse heute vorrangig zur *Gala* und nicht etwa zum *manager magazin*. Und wer am späteren Nachmittag den Fernseher einschaltet, hat garantiert ein „People-Magazin" auf dem Schirm, ganz gleich, mit welchem Programm sein Gerät hochfährt.

Mit der Inflation der bunten Magazine geht eine Inflation von „Medien-Promis" einher. Nicht allein die nach wie vor gesetzten europäischen Herrscherhäuser, die Oberliga internationaler wie nationaler Schauspieler, Popstars oder Sportler drängen in die Blätter. Ihnen macht eine wachsende Zahl von Playboys, „Society-Ladys" und „It-Girls" Konkurrenz, deren Leistung sich im Wesentlichen darin erschöpft, auf die Gästelisten mehr oder minder bedeutender „Events" zu gelangen und dort die Aufmerksamkeit der Fotografen auf sich zu lenken. Weiter hinten rangieren die fragwürdigen „Promi"-Formate der Privatsender, in denen wir zum Beispiel seltsame „Unternehmerpaare" beim Einkaufen oder Cocktailschlürfen begleiten dürfen. Es folgt die Flut der Casting-Shows, die im Monatsrhythmus noch fragwürdigere, noch kurzlebigere B- und C-Promis generieren. Die Endstation dieses ganzen Zirkus ist das „Dschungelcamp": Im australischen Busch werden die besonders heftig verkrachten Existenzen der Pseudo-Prominenz letztmalig recycelt.

Manche Menschen gelten nur deshalb etwas in der Welt, weil ihre Fehler die Fehler der Gesellschaft sind.

FRANÇOIS DE LA ROCHEFOUCAULD

Die Folgen der Promi-Inflation sind unübersehbar. Wo sich derart viele Existenzen um die knappe Ressource Aufmerksamkeit balgen, sind erfreuliche Ereignisse noch weniger wert als im seriösen Journalismus. Das Gebiet der Gesellschaftsnachrichten wird damit zum besten Exempel der alten Journalistenweisheit, dass nur schlechte Nachrichten gute Nachrichten sind. Anders gesagt: Der Skandal wird hier zur besten Medienstrategie, die Provokation zur erfolgversprechendsten PR-Masche. Scheidungskriege, Drogenexzesse oder Pöbeleien in der Öffentlichkeit, ja selbst ein geschmackloses Abendkleid sind potenzielle Titelthemen. Die gute Tat, das dezente Benehmen, der zurückhaltende Kommentar, das stilvolle Outfit führen dagegen eher zur Verbannung auf die hinteren Seiten. Und weibliche Stars, die auf die Schlagzeile „XY nackt!" gesetzt haben, müssen jede Hoffnung auf Berichte begraben, dass sie normalerweise ordentlich gekleidet durchs Leben gehen. Schließlich das Publikum: Es muss, und das ist die wohl schlimmste Folge des dauernden Skandal-Getrommels, den Eindruck gewinnen, dass auf das mieseste Benehmen und den schlechtesten Stil die höchsten Prämien ausgesetzt werden. Leider lesen das inzwischen immer mehr Leute als Empfehlung zur Nachahmung. Dabei hat der Klatsch eigentlich eine ganz andere Funktion.

WIE KLATSCH UND TRATSCH DEN ANSTAND FÖRDERN

Seit die Menschen sprechen können, gehört es zu ihren Lieblingsbeschäftigungen, übereinander herzuziehen. Der britische Psychologe Robin Dunbar hat in seinem Buch *Klatsch und Tratsch. Wie der Mensch zur Sprache fand* sogar die These vertreten, dass der Klatsch die humane

Weiterentwicklung des „Groomings" sei. Wo andere Primaten Kontaktpflege betreiben, Vertrauen herstellen und Aggressionen abbauen, indem sie sich hingebungsvoll gegenseitig lausen, da halten die Menschen – ein Schwätzchen. „Mich laust der Affe!" sagen wir nicht umsonst, wenn uns eine unglaubliche Geschichte zu Ohren kommt. Während die meisten annehmen, dass Sprache vor allem zu praktischen Zwecken erfunden worden sei, etwa der Verständigung bei der Jagd, haben wir, so Dunbar, in Wahrheit zu plaudern angefangen, um uns über unsere Beziehungen in der Horde zu verständigen. Wer ist der heißeste Typ im Neandertal? War das wirklich Eva, mit der ich Adam neulich im Wald gesehen habe? Warum ist Kain in letzter Zeit so mies gelaunt? Also, wie der Jakob den Esau ausgebootet hat … Hauptsächlich um solche Dinge drehte sich schon die urzeitliche Kommunikation. Und nicht um die drei Tagesmärsche entfernte Mammutherde oder die Herstellung von Faustkeilen.

Klatsch, so der führende deutsche Klatschforscher Jörg R. Bergmann im *Historischen Wörterbuch der Rhetorik*, ist „eine mündliche Gattung der Alltagskommunikation, in deren Zentrum der Austausch von Neuigkeiten und moralischen Urteilen über gemeinsam bekannte, aber nicht anwesende Dritte steht". Das Paradoxe am Klatsch: Alle wissen, dass es sich nicht gehört, über Abwesende herzuziehen – und trotzdem tut es jeder. Denn zum einen finden es die meisten amüsant. Und zum anderen ist das *auch* Zeitvertreib. Im Übrigen wissen wir aus der Psychologie, dass sich Menschen Geschichten über andere Menschen, vor allem darin enthaltene pikante Details, viel besser merken können als nüchterne, sachliche Informationen.

Während ich mir für meine Erkenntnisse über Stars und Sternchen aber erst mal nichts kaufen kann, ist es im sozialen Umfeld durchaus von Vorteil zu wissen, wer wem was zu sagen hat, wer mit wem über Kreuz oder im Bett ist. Die mit solchen Kenntnissen verbundenen Fettnäpfe kann ich dann nämlich sowohl umgehen als auch ausnutzen. Außerdem kann ich mit Klatsch meine Stellung in der Gruppe stärken. Wer etwas weiß, was (angeblich) nicht alle wissen, gilt nämlich was. Und wer seine Infos dann auch noch taktisch klug streut, gewinnt an Einfluss auf das Denken und Handeln seiner Umgebung. Ich darf es nur nicht übertreiben. Denn wer ständig klatscht und wahllos jeden anschwärzt, gilt irgendwann nicht mehr als Quelle für brisante Informationen, sondern bloß als Intrigant.

Wer – wie ich – keine Schwäche für Klatsch und Tratsch hat, stößt sich nicht zuletzt daran, dass Klatschgeschichten sich zumeist um die Patzer und Peinlichkeiten unserer Mitmenschen drehen, um schlechten Stil, banale Schwächen und unbedeutende Skandälchen. Geht es wirklich einmal um echte Fehltritte und moralisch tatsächlich fragwürdiges Verhalten, dann wird der Ton oft sehr schrill. Mir kommt dann immer das berühmte Jesuswort aus der Bergpredigt in den Sinn: „Warum siehst du den Splitter im Auge deines Bruders, aber den Balken in deinem Auge bemerkst du nicht?“ (Matthäus 7,3).

Mit Abstand betrachtet hat der Hang des Klatsches zur Banalität wie zur gespielten Empörung jedoch mit seiner wichtigsten sozialen Funktion zu tun: der Herstellung von Konsens über Regeln und Verhaltensnormen. Indem wir über die tatsächlichen oder vermeintlichen Fehler der anderen herziehen, stellen wir nämlich in Wahrheit Einigkeit darüber her, was sich gehört und was nicht. Und da scheint es schlicht so zu sein, dass wir die Pillen aus der Packung mit dem Aufdruck „Achtung Anstand!“ leichter schlucken, wenn uns der Beipackzettel nicht eine lange Liste ernster

Warnungen, Ermahnungen und Verbote präsentiert, sondern ein paar heitere Anekdoten über Fehlanwendungen des Medikaments Moralin.

Negativklatsch – und Klatsch mit positivem Inhalt ist ja fast so schwer zu finden wie ein Wolpertinger – zeigt uns also ein Spiegelbild unserer Vorstellungen davon, was anständiges, angemessenes, schickliches oder stilvolles Verhalten sei. „So nicht!“, sagen die Klatschbasen. Ohne dass daraus explizit formulierte Regeln abgeleitet werden müssten, wissen danach alle Teilnehmer des Kaffeekränzchens, was eigentlich zu tun wäre.

In Bezug auf unser Thema – den Vorbildcharakter bekannter Persönlichkeiten – hat der massenmediale Klatsch eine doppelte gesellschaftliche Ventilfunktion. Zum einen führt er uns vor Augen, dass die Mächtigen, Schönen und Reichen auch bloß Menschen sind. Und zwar Menschen, denen Macht, Einfluss und Geld gestatten, allen bekannten Schwächen weit umfassender und intensiver zu verfallen als wir selbst. Dass unsere Entfaltungsmöglichkeiten auf dem Gebiet des Lasters im Vergleich eher beschränkt sind, mögen manche dann bedauern. Der großen Mehrheit verhilft es dafür zu einem guten Gewissen: *So* schlimm bin ich doch gar nicht. Zum zweiten fungieren die Klatschopfer als Negative der Norm. Indem wir ihr Benehmen oder ihre Stillosigkeiten kritisch zur Kenntnis nehmen, können wir uns ein Bild vom richtigen Leben abziehen. Oder, drastischer formuliert: Die Klatschpresse lässt die oberen Zehntausend gewissermaßen als Personifizierungen der sieben Todsünden an uns vorbeimarschieren.

Lasst uns dankbar sein, dass es Narren gibt. Ohne sie könnten wir anderen keinen Erfolg haben.

MARK TWAIN

Interview mit
SUSANNE CONRAD

Susanne Conrad (*1958) ist Journalistin und TV-Moderatorin. Vor einigen Jahren hat sie eine schwere Brustkrebserkrankung überlebt. Sie ist verheiratet und hat drei erwachsene Kinder.

In Ihrem Buch „Sterben für Anfänger" beschreiben Sie, wie Sie durch eine Krebserkrankung dem Tod ins Auge sehen mussten. Hat das Ihren Blick auf die Menschen und auf den Umgang miteinander verändert?
Dieses Erlebnis hat alles für mich verändert. Wenn man mit der eigenen Sterblichkeit konfrontiert wird, wird plötzlich alles auf die Waage gelegt und aus der theoretischen Beschäftigung mit dem Wesentlichen wird plötzlich eine praktische. Man betrachtet das eigene Leben aus einer ganz neuen Perspektive. Das schärft den Blick dafür, was wirklich wichtig ist. Ich habe für mich erkannt, dass die Antwort auf die alles entscheidende Frage „Wer bin ich?" lautet: meine Beziehungen zu anderen Menschen, zur Familie, zu Freunden. Wenn man sich darauf einlässt, kann man eine ganz besondere Nähe herstellen. Das gibt es nicht für Geld. Besitz oder Status bieten am Ende keinen Trost. Wir müssen unsere Beziehungen besser pflegen. Wichtig ist, in schwierigen Situationen für andere da zu sein, auch wenn man nicht weiß, was man tun kann. Oft geht es nur um die Zuwendung, um die Geste.

Verlieren angesichts der Endlichkeit des Lebens Kategorien wie Benimm oder Höflichkeit nicht sehr an Bedeutung?
Das kommt sicher auch auf die Definition an. Manieren, also etwa der richtige Umgang mit Messer und Gabel, helfen im Alltag, sind aber nur Spielregeln für die Oberfläche des Daseins. Auch Knigge

hat ja in seinem Buch *Über den Umgang mit Menschen* Benimm und Höflichkeit vor allem als Frage der persönlichen Haltung, von Respekt und Nächstenliebe beschrieben. Und da können sie wirklich große Bedeutung haben, weil sie Ausdruck von etwas Tieferem sein können.

Was können wir von Sterbenden lernen – vielleicht auch, um es als Lebende besser zu machen?

Gerade wenn wir uns klar machen, dass wir sterblich sind, stellt sich die Frage, was wir zurücklassen, welche Spuren wir hinterlassen. Ob man sein eigenes Leben als gelungen betrachtet, hat damit zu tun, welchen Umgang man mit anderen Menschen pflegt. Die Frage, die sich alle stellen, ist: Hatte mein Leben einen Sinn? Wer auf diese Frage vorbereitet sein will, sollte sich immer wieder fragen: Wäre mir das am Ende meines Lebens wichtig?

Ich muss mir diese Frage auch immer wieder stellen. So hatte ich kürzlich eine Einladung an meine alte Universität im Mittleren Westen der USA anlässlich einer Ehrung. Diese Uni ist sehr abgelegen, es ist ziemlich teuer dorthin zu reisen, ich hatte eine Menge zu tun und noch einige andere Verpflichtungen hier, kurz: Ich spielte mit dem Gedanken, abzusagen. Doch dann habe ich mich gefragt, ob es mir am Ende lieber sein würde zu wissen, dass ich das Geld gespart und hier einiges erledigt haben würde. Ich bin geflogen – und es war ein wundervolles Erlebnis. Das hat mir wieder einmal klar gemacht, wie wertvoll dieses Leben ist und wie große Lust ich darauf habe.

AUSRUTSCHEN, ABER RICHTIG: DIE SIEBEN TODSÜNDEN AUF DEM GESELLSCHAFTLICHEN PARKETT

Mangelnder Anstand, miserables Benehmen und schlechter Stil haben einen einzigen Vorteil: Sie sind relativ leicht zu erkennen. Dementsprechend können sich Menschen auch sehr viel schneller darüber einigen, was, neudeutsch gesagt, „gar nicht geht". Aus diesem Grund versuche ich, die Frage des angemessenen Auftritts auf dem gesellschaftlichen Parkett zu beantworten, indem ich die Kehrseite der Medaille betrachte. Jetzt könnte ich es mir natürlich einfach machen. Indem ich zum Beispiel Namen nenne oder auf einschlägig peinliche Begebenheiten verweise. Aber ich halte es für schlechten Stil, öffentlich Zensuren zu verteilen. Außerdem ist das Gedächtnis der Leute für die Fauxpas der Promis eher kurz.

Ich greife daher lieber auf eine altehrwürdige, leider etwas in Vergessenheit geratene Lehre zurück: die von den sieben Todsünden. Ihre hier zugrunde gelegte Aufzählung wurde im späten sechsten Jahrhundert von Papst Gregor I. kanonisiert, dem jüngsten der vier großen lateinischen Kirchenlehrer. Aus ihr lassen sich die Grundprinzipien fehlenden Anstands und schlechten Benehmens hervorragend ableiten. Im Umkehrschluss kann dann jeder die für ihn passenden konkreten Benimmregeln ausbuchstabieren. Und zwar mit einer Bandbreite, die vom eher legeren bis zum hoch förmlichen persönlichen Gefühl dafür reicht, was sich schickt und was nicht.

Auch auf die Gefahr hin, mich zu wiederholen: Anstand, Benehmen und Stil bemessen sich nicht an der Kleiderordnung, am formvollendeten Handkuss oder daran, ob jemand ein Burgunder- von einem Bordeauxglas unterscheiden kann. Alles hängt davon ab, ob etwas *angemessen* ist: einem bestimmten Anlass, den Umständen, in denen ich mich bewege, dem Kreis von Menschen, in deren Gesellschaft ich mich befinde, schließlich dem Stil, der mir entspricht, für den ich mich nicht verstellen muss.

Beim Begriff der „sieben Todsünden“, das vorweg, handelt es sich um einen umgangssprachlichen Irrtum. Es geht hier nicht um Sünden. Schon gar nicht um jene besonders schwerwiegenden, die nach kirchlicher Lehre allein durch das Bußsakrament, also durch Beichte und priesterliche Absolution sowie auf dem Wege vollkommener und aufrichtiger Reue vergeben werden können. Gemeint sind vielmehr jene sieben Haupt*laster*, die in allen Menschen angelegt sind. Sie sind die Quelle sowohl lässlicher als auch himmelschreiender Sünden. Aus ihnen kann aber eben auch ganz alltägliches, im religiösen Sinne überhaupt nicht sündhaftes Fehlverhalten entspringen.

Hochmut

Hierzu gehören auch Eitelkeit, Stolz, Arroganz und Besserwisserei. Wenn Sie also im Kreise ihrer Mitmenschen ganz schnell unten durch sein wollen, dann lassen Sie diese einfach spüren, dass Sie sich selbst für den Größten halten, alle anderen aber mehr oder weniger für Idioten. Noch besser: Erklären Sie das explizit, möglichst laut und möglichst oft. Dabei ist es völlig egal, wem Sie im konkreten Fall Ihre ganze Verachtung zeigen. Um mit Äußerlichkeiten zu beginnen: Gehen Sie zum Beispiel in Badelatschen oder Ledermontur in eine Festspielpremiere. Verkünden Sie, dass die besser gekleideten Damen und Herren verschnarchte Spießer seien, denen die Kunst, von der sie eh nichts verstünden, in Wahrheit piepegal sei.

Oder besuchen Sie im maßgeschneiderten Dreiteiler ein Treffen des örtlichen Motorradklubs – und erklären Sie dessen Anhänger ausnahmslos für ungewaschene Kriminelle. Die Lektion für Ihren Hochmut wird hier vermutlich etwas härter ausfallen als in der Oper.

Eine feinsinnigere, dafür sehr verbreitete Form des Hochmuts ist folgende: Mischen Sie sich in einer Gesellschaft ungefragt in ein beliebiges Gespräch ein. Geht es um ein Thema, bei dem Sie bereits über ein gesundes Halbwissen verfügen, dann prahlen Sie mit diesem. Seien Sie mit ihren Kenntnissen über Raketenwissenschaft allerdings vorsichtig, wenn ein Fachmann zugegen ist. Dann müssen Sie eine andere Methode wählen: Erklären Sie in diesem Fall die Raketenwissenschaft zu einem der großen Irrwege der Menschheit. Und gehen Sie zügig zu einem Referat über rahmengenähtes Schuhwerk über.

Damit begeben Sie sich – nach Ihrem Gastspiel in Besserwisserei – auf ein drittes populäres Feld der Arroganz: dem des Anspruchs auf den einzig wahren Lebensstil. Als Hochmütiger von Stand erklären Sie diesen zu einer Frage wahrer Kennerschaft, die mit Geld überhaupt nichts zu tun habe. Es möge zwar schwierig sein, einigermaßen trinkbare Weine für unter fünf Euro zu finden; aber erst kürzlich hätten Sie diesen vorzüglichen Landwein entdeckt, der sonst nur als Grand Cru bla bla bla ... Ist Luxus für Sie mehr eine Frage von Euro und Cent, dann geben Sie einfach mit den von Ihnen bevorzugten sündhaft teuren Edelmarken an – nicht ohne zu unterstreichen, dass man alles andere vergessen könne. Aber Achtung: Das gilt inzwischen selbst bei den meisten Neureichen als neureich – und damit als ordinär.

Sie haben recht: Dieser Abschnitt ist ziemlich hochmütig formuliert. Jetzt wissen Sie aber auch, wie das geht.

Geiz

Der Geiz, ebenso die mit ihm verwandte Habgier, sind sozusagen die ökonomischen, zugleich etwas depressiven Geschwister des Hochmuts. Der Geizige, bis heute ungeschlagen in Molières gleichnamiger Komödie portraitiert, gönnt nämlich niemandem etwas. Er will ständig alles an sich raffen, ist aber nie mit dem Erreichten zufrieden. Bisweilen gibt er mit seinem materiellen Reichtum an. Doch lieber nörgelt er, was er leider (noch) nicht sein eigen nennen darf. Am liebsten aber klagt er, wer ihm heute wieder welche Löcher in den Beutel gerissen hat. Denn alle anderen – das ist eine Unterart des Hochmuts beim Geizigen – sind natürlich Halsabschneider. Vorzüglich seine lieben Nächsten, die jetzt schon das Geld für allerlei Nippes zum Fenster hinauswerfen – und die bereits die Tage bis zu seinem Ableben zählen, an dem sie endlich seine Konten plündern können.

Im engeren Familien- und Freundeskreis (so er denn Freunde hat) ist der Geizige vor allem ein Feind der Lebensfreude und selbst des maßvollen Genusses. Das alles gilt ihm als Verschwendung. In geschäftlichen Dingen kann er bis zur Paranoia risikoscheu sein, weshalb echte Geizhälse nur selten gute Unternehmer sind. Politisch schließlich ist der Geizige ein mehr oder minder verkappter Staatsfeind. Schröpft die Obrigkeit ihn doch ständig, um seine Steuergelder dann für allen möglichen Unsinn zu vergeuden, namentlich für ungezählte „soziale Wohltaten". Leider vergisst der Geizige, dass auch er mit seiner Limousine öffentliche Straßen befährt. Dass seine Geldschränke noch viel schneller leer wären, wenn ihm Polizei und Justiz nicht eine gewisse Sicherheit böten – auch und gerade bei der Regelung seiner täglichen sauren Geschäfte. Dass er seine eigenen Kinder nach Salem schicken kann; dass aber all jene, die ihm beim Geldverdienen behilflich sind, öffentliche Schulen besucht haben. Und dass sie häufig fehlen würden, wenn es beim Arzt nur noch Termine für Privatpatienten gäbe.

Eine Untergattung des Geizigen ist der Sozialdarwinist. Dieser erklärt gern, oft und ungefragt all jene zu „Losern", die es wirtschaftlich nicht so gut getroffen haben wie er. Sein Mantra lautet, dass jeder selbst an seinem Schicksal schuld sei und es folglich nicht besser verdient habe.

Was den Geizigen zum übellaunigen Bruder des Hochmütigen macht, ist Folgendes: Abgesehen vom Geiz, den er ja für eine Tugend hält, und vom Hochmut, von dem er ahnt, dass er ihm nicht fremd ist, verdächtigt er seine Mitmenschen, dass sie allesamt den fünf verbliebenen Hauptlastern verfallen seien: dem Neid, der Wollust, der Völlerei, dem Zorn – und vor allem der Faulheit.

Bescheidenheit ist eine Eigenschaft, für die der Mensch bewundert wird, falls die Leute je von ihm hören sollten.

EDGAR WATSON HOWE

Im gesellschaftlichen Umgang macht sich der Geizige vorzugsweise auf zwei Weisen unbeliebt. Erstens, indem er uns mit besagten Klagen auf die Nerven geht. Zweitens, indem er permanent beweist, dass er Stacheldraht vor dem Portemonnaie hat. Ausgesprochen peinsam wird das, wenn wir auf einen Bettler oder auf den Verkäufer einer Obdachlosenzeitung treffen. Im schlimmsten Fall bekommt dieser eine öffentliche Standpauke. Im etwas weniger schlimmen Fall, siehe erstens, müssen wir uns wieder mal ein Referat über „Sozialschmarotzer" anhören.

Manche Geizhälse gehen übrigens auch in die Kirche. Das sind die Leute, die bei der Kollekte einen Fünf-Euro-

Schein ins Körbchen legen – um dann ganz schnell zwei Euro Wechselgeld wieder herauszunehmen.

Neid

Der Neidhammel von heute ist vielleicht der Geizige von morgen. Denn er will im Grunde so schnell wie möglich all das erlangen, was der Geizige schon hat. Oder was er haben könnte, wenn er nicht so geizig wäre.

Gern wählt der Neid einen rhetorischen Umweg. Denn seine Zielobjekte preist er nicht als erstrebenswert, er verteufelt sie vielmehr als nichtig, eitel oder prahlerisch. Alternativ werden sie als minderwertig bis wertlos, als überteuert oder hässlich abqualifiziert. Selbst den besten Wein findet ein neidischer Mensch allenfalls trinkbar. Sogar eine Grafik, die ich ihm persönlich geschenkt habe, wird er im Zweifelsfall für eine Fälschung halten. Jedes Haus, in dem er zu Gast ist, unterzieht er einer ätzenden Architekturkritik, anschließend kommt die Einrichtung dran. Zum krönenden Abschluss wird in Zweifel gezogen, dass der Besitzer oder Bewohner sich das alles wirklich leisten könne. Wahlweise lässt sich auch munkeln, dass die Mittel aus dunklen Kanälen geflossen seien.

All dies wird jemand, der Sie um Ihre Lebensumstände oder einzelne Ihrer Besitztümer beneidet, natürlich niemals Ihnen erzählen, sondern anderen Gästen Ihrer Party. Vorzugsweise solchen, mit denen er sein Laster teilt. Oder er wird vor Ort alles wunderbar finden, Sie zu Ihren Erfolgen beglückwünschen und Ihren erlesenen Geschmack preisen. Über Sie herziehen wird er später an anderer Stelle, und zwar mit dem Ziel, Zweifel an Ihrer Integrität zu säen und andere mit seinem Neid zu infizieren.

Die Missgunst kann sich selbstredend nicht nur auf Materielles richten, sondern auch auf die Schönheit oder den Charme anderer Menschen, auf geistige Leistungen oder künstlerische und sportliche Talente. Hier ist die Kunst der üblen Nachrede noch wichtiger als im Falle von Geld und Besitz. Häufig leider auch effektiver. Die angebliche Schönheit? Ein ordinärer Allerweltstyp! Ein brillanter Vortrag? Wahrscheinlich irgendwo abgekupfert, zumindest sind die Quellen zweifelhaft. Ein bemerkenswertes Bild, ein tolles Buch? Pah, völlig überschätzt! Eine begabte junge Geigerin? Ihr Spiel mag ja technisch perfekt sein, aber völlig seelenlos. Nicht, dass solche Vorhaltungen nicht manchmal zutreffen könnten. Doch wenn nicht am Mangel an plausiblen Argumenten, dann erkennen Sie den Neider spätestens am gekränkten Tonfall.

Der Neid unserer Mitmenschen treibt uns mitunter zu Leistungen hinauf, die wir mit ihrem Wohlwollen niemals erreicht hätten.

HEINRICH WAGGERL

Erträglich ist der Neid, weil er die Neidischen meist mehr quält als die Beneideten. Das Hauptproblem: In einer Welt, in der nahezu alle äußerlichen Vorzüge, alle Talente und alle Besitztümer zumindest ungleich, oft auch ungerecht verteilt sind, ist er ziemlich ansteckend.

Wollust

Bei der Beurteilung aller Laster der Ausschweifung möchte ich mich zurückhalten. Der Begriff „Wollust" klingt ja ziemlich nach 19. Jahrhundert. Doch auf wenigen Gebieten haben sich die moralischen Auffassungen in den letzten 50 Jahren so stark gewandelt wie auf dem der erotischen Umgangsformen. Ich selbst empfinde und denke in diesen Dingen, wie in vielen anderen auch, eher konservativ. Doch wie auch immer jeder persönlich das bewertet, was verkürzend gern „die sexuelle Revolution" genannt wird – in einem zentralen Punkt ist die Entwicklung ganz gewiss nicht zurückzudrehen: Unsere Gesellschaft betrachtet heute all das, was erwachsene Menschen in privater Umgebung freiwillig miteinander anstellen, eben als rein private Angelegenheit. Und nicht mehr, wie Jahrhunderte, wenn nicht Jahrtausende zuvor, als eine Frage der öffentlichen Moral. So zu denken, zu urteilen und zu handeln ist weder ein Privileg dekadenter Eliten noch ein Laster des von selbst ernannten Sittenwächtern geschmähten „Pöbels". Es ist schlicht und einfach die Haltung der übergroßen Mehrheit in unserer Gesellschaft.

Doch anders als viele glauben, hat das weder die Zahl der Trittfallen in Fragen der „Sitte" verringert noch deren Erkennbarkeit im Gelände verbessert. Im Gegenteil. Schlechtes und völlig inakzeptables Benehmen ist hier und heute leichter als je zuvor! Salopp gesagt: Mit nackter Haut wird heute für nahezu alles geworben. Aber eine Frau, die in einem Bewerbungsgespräch versucht, mit ihrem Dekolleté zu punkten, könnte kaum besser bezeugen, dass sie aus einer versunkenen Welt kommt. Umgekehrt kann selbst ein nett gemeintes Kompliment für die Kleidung oder die Frisur einer Kollegin die Grenze zur sexuellen Belästigung streifen. Das mag jede(r) beurteilen, wie sie oder er will. Richtig ist: Äußerliche Vorzüge haben mit beruflichen Leistungen nichts zu tun, ergo hat deren Lob in der Firma nichts verloren. Vielen Mitarbeitern und Vorgesetzten (Maskulinum!) fällt es immer noch schwer, das Betätigungsfeld männlichen Brunftverhaltens zu räumen.

Dabei sollte sich längst herumgesprochen haben, dass Herrenwitze heutzutage nicht mal mehr unter Herren vertretbar sind. Selbst auf legeren Partys oder nach dem dritten Glas Wein in der Bar liegt die Chance, andere mit anzüglichen Bemerkungen oder Gesten zu empören, bei deutlich über 80 Prozent. Fazit: Seine erotischen Affekte im Griff zu haben, ist in einer diesbezüglich sehr liberalen Gesellschaft bedeutsamer als je zuvor. Jeder, der das nicht begreift, ist ein potenzieller Flegel.

Völlerei

Noch so ein schönes altes Wort. Die Unmäßigkeit beim Essen und Trinken ist in unserer Wohlstandsgesellschaft freilich nicht nur ein grassierendes medizinisches Problem. Die kleine, vergleichsweise harmlose Schwester der Wollust verführt auch ungebrochen zu den allerschönsten Patzern auf dem gesellschaftlichen Parkett. Denn die sprichwörtliche – von Reinhard Mey schon 1972 wunderbar spöttisch besungene – *heiße Schlacht am kalten Buffet* tobt ja heute nicht mehr nur um Wildschwein in Aspik, Forelle Müllerin, Kaviar und russische Eier, sondern um alles, was irgendwo auf dem Globus als Delikatesse gilt.

Dass die alltägliche Nahrungsaufnahme zunehmend wieder mit der bloßen Hand erfolgt (Fast Food hier, Finger Food dort), mag in gewissem Umfang zu einem Verfall der Tischmanieren geführt haben. Einer Formulierung des Soziologen Norbert Elias zufolge diente die Einführung von Messer und Gabel, ebenso wie andere Meilensteine im Prozess der Zivilisation, nicht zuletzt der Erhöhung von Peinlichkeitsstandards. Auch hier sind teils heftige Rückschritte kaum zu leugnen. Aber die formellen Manieren, so sehr ich sie persönlich schätze, halte ich im Hinblick auf das Hauptlaster der Völlerei eher für nebensächlich.

Einleuchtend fand ich dagegen 2010 die Kritik von Außenminister Guido Westerwelle (FDP) an Erscheinungsformen „spätrömischer Dekadenz". Allerdings nicht so sehr im Blick auf die sozial Bedürftigen in unserer Gesellschaft, als vielmehr im Blick auf Teile unserer selbst ernannten Eliten. Denn gegen das, was da so alles medienöffentlich geschlemmt, getrunken, geredet und getrieben wird, könnten die Orgien eines Caligula geradezu spartanisch wirken.

Erfolg, Reichtum und Lebensart vor allem mit Bergen von Fine-de-Claire-Austern und Beluga-Kaviar zu dokumentieren, seine Ansichten über wahren Genuss auf Strömen von Champagner und Château Lafite in die Klatschspalten zu ergießen, das ist in meinen Augen die wahre spätrömische Dekadenz. Ebenso wie es zu den höchstverzichtbaren Lebenslügen der Mediengesellschaft gehört, dass sie Dutzende von Gourmetmagazinen verlegt und den halben Tag Kochsendungen abspult, hinter deren bunter Fassade aber meist Fertiggerichte aufwärmt und vor der Glotze herunterschlingt. Repräsentative Einbauküchen zum Preis von Luxusautos sind eine weitere moderne Form der Völlerei. Hier gilt die Faustregel: Je teurer die Küche, desto seltener wird in ihr gemeinsam gekocht und genussvoll gegessen.

Mein persönlicher Favorit sind allerdings jene sinnfreien Tischgespräche, die sich umso intensiver um das Thema Essen und Trinken drehen, je mehr Gänge es gibt und je aufwendiger die Speisen sind. Der moderne Schlemmer hält sich hier beim eigentlichen Schlemmen vornehm zurück, nur um die gegenwärtige oder eine vergangene Schlemmerei zu analysieren. Die einzige Erkenntnis, die ich bei solchen Anlässen gewinnen kann, ist die, dass sich gefühlt drei Viertel aller Menschen zum Restaurantkritiker berufen fühlen. Ist der Kritikaster zugleich eitel (lies: hochmütig), wird er auch die neben den Speisen und Getränken verzeichneten Preise erwähnen.

Zorn

Den Zorn beziehungsweise die Wut und die mit ihr eng verschwägerte Rachsucht vergessen bisweilen sogar Kenner bei ihrer Aufzählung der „sieben Todsünden". Wollust, Völlerei und Eitelkeit scheinen – ironisch betrachtet – schlicht populärer zu sein. Dabei kennt der Zorn heutzutage mehr Abstufungen als je zuvor. Wir jammern über zahllose Widrigkeiten des Alltags, über echte Gebrechen und eingebildete Zipperlein – von denen es in der modernen Zivilisation und dank des medizinischen Fortschritts weit mehr gibt, als die Kirchenväter sich träumen ließen. Wie unsere Vorfahren nörgeln wir wahlweise am Essen, am Wetter, an der Jugend oder an den Alten herum. Aber auch am Fernsehprogramm, an der Unpünktlichkeit der Bahn oder an den zu langsamen Übertragungsraten im Internet.

Die Steuer gab schon den alten Römern beständigen Anlass zur Empörung. In unserer modernen, global vernetzten Wirtschaft produzieren unfähige Kollegen, unfaire Chefs, unzuverlässige Lieferanten und unzufriedene Kunden aus aller Welt jedoch eine nie gekannte Sintflut von ökonomischen Klagen.

Über den Schmutz und den Verfall der Sitten in den Städten schimpften bereits die Babylonier. Aber den Feierabendstau und die Dauerbaustelle kannten sie noch nicht. Ihr Turmbau war bekanntlich ein Riesenskandal. Aber wer in der Generation von Noahs Enkeln hätte je gedacht, dass mit Großflughäfen, Tiefbahnhöfen oder Konzertsälen einmal jede Stadt, die auf sich hält, einen solchen Bau in Angriff nehmen würde?

Ihrer Wut über machtlüsterne, ausbeuterische oder unfähige Herrscher ließen die Menschen schon immer – und keineswegs immer zu Unrecht – freien Lauf. Heute wählt die Mehrheit der Menschen auf der Welt, wenn auch nicht überall in der wünschenswerten Freiheit, ihre Politiker selbst. Die Klagen über Klüngel, Korruption und Vetternwirtschaft haben dadurch keineswegs abgenommen.

Schließlich die Rachsucht. Sie war früher hauptsächlich ein Hobby der oberen Zehntausend, hatten die einfachen Menschen doch meist genug andere Sorgen. Heute bieten lästerlicher Flurfunk, kleinliche Bürointrigen und das teils schon in der Grundschule beginnende Mobbing auch Herrn und Frau Mustermann und ihren Kindern zeitgemäße Betätigungsfelder für dieses Laster.

All dies gewinnt durch den technischen Fortschritt zudem völlig neue Möglichkeiten öffentlicher Veranstaltung. Seit 20 Jahren macht uns das Handy nicht nur zu unfreiwilligen Ohrenzeugen von Terminänderungen („Ich komme erst um fünf in Bielefeld an.“), meteorologischen Beobachtungen („Echt? Also hier regnet es in Strömen.“) oder privaten Glücksmomenten („Du, der Florian ist ja sooo süß!“). Meist noch lautstärker werden uns in Zügen, auf Flughäfen oder im Coffee-Shop private Dramen, üble persönliche Nachreden oder schlecht laufende Geschäfte bekannt gegeben. Manchmal derart detailliert, dass wir sofort helfen wollen, uns den geschilderten Schurken selbst zum Feind erküren oder Notizen zum Thema „Prozessoptimierung im Außendienst“ machen möchten. Doch der Mobilfunk ist schon wieder von gestern. Bei aller unziemlichen Öffentlichkeit persönlicher Aufregung und privaten Ärgers blieb er immerhin eine Form direkter zwischenmenschlicher Kommunikation. Wer ins Handy schimpft, schimpft ja mit einer ihm bekannten Person über etwas oder jemanden. Und er ist für seine akustischen Geiseln ein wahrnehmbares Individuum. Das heißt: Leidgeprüfte Zuhörer können ihm zu erkennen geben, was sie von halböffentlichem Motzen halten. Etwas theoretischer formuliert, unterliegt der zornige Telefonterrorist einem Mindestmaß an sozialer Kontrolle.

Diese sinkt bedenklich, wenn die Erregung völlig anonym wird. Genau das geschieht in Internetforen, vorzugsweise großer Zeitungen und Zeitschriften, in sozialen Netzwerken wie Twitter und Facebook sowie den Kommentarspalten von Blogs und Homepages. Folge: Die persönliche Hassattacke verliert im globalen Online-Dorf all jene Hemmungen, die auf dem traditionellen Dorfplatz unverzichtbar waren. Wo jeder jeden kannte, wurden Wutbürger nämlich irgendwann geächtet. Der „Shitstorm“ ist dagegen ein Nebel des Grauens, in dem die Schmäher als Individuen verschwinden. Schon allein aufgrund ihrer Anzahl kommt dagegen kein „Moderator“ mehr an. Sodass am Ende nur bleibt, viele virtuelle Marktplätze zu meiden, da die dort versammelten „Trolle“ oft schon stille Besucher als Futter identifizieren.

> Kluges Schweigen übertönt dummes Geschwätz.
>
> HANNS-DIETRICH VON SEYDLITZ

Die Alternative des virtuellen Kuschelns (neudeutsch: „Flaushing“) ist übrigens kaum weniger trostlos. Denn auch dort, wo alle nur noch Halbsätze wie „toller Beitrag“, „super Foto“ oder „alles bestens, gerne wieder“ stammeln, wird der öffentliche Meinungsaustausch schnell erstickt.

Faulheit

Der in Korea geborene, heute in Kassel lehrende Philosoph Byung-Chul Han hat in seiner 2010 erschienenen, gleichnamigen Schrift die These aufgestellt, wir lebten in einer *Müdigkeitsgesellschaft.* Und der französische Soziologe Alain Ehrenberg diagnostizierte bereits 1998, dass ein allgegenwärtiger Kult der Selbstverwirklichung vor allem eines hervorbringe: *Das erschöpfte Selbst.* Mit dem postmodernen Jargon und den streckenweise verspannten Argumenten der beiden Denker habe ich so meine Schwierigkeiten. Aber ihre Grundthese ist nicht völlig von der Hand zu weisen: Ständig wollen wir alles verbessern, neudeutsch „optimieren“: Produkte, technische Geräte, Dienstleistungen, Prozesse, ominöse Strukturen und – uns selbst. Jeder kann und soll nicht nur seinen persönlichen Fähigkeiten entsprechend erfolgreich sein, sondern Spitzenleistungen erbringen. Zugleich steht an jeder Ecke jemand, der aufs Tempo drückt. Die Zwänge von Just-in-time-Produktion und global vernetzten Waren- und Finanzmärkten, die über Produktchancen und Preise in Sekundenbruchteilen entscheiden, duldeten schließlich keine Trödelei mehr.

Die Folge: Das einstmals zum Anfang aller Laster erklärte Laster der Faulheit ist wohl die bedrohte Art unter den „sieben Todsünden“. Wer im Hamsterrad der Weltwirtschaft des 21. Jahrhunderts aus irgendwelchen Gründen nicht oder nicht mehr mithalten kann, der wird nicht mehr zum Faulpelz erklärt und dann durch strenge Äbte zu harter Arbeit und verschärftem Gebet angehalten; er wird stattdessen ziemlich rasch von seinem Ordensgelübde zur heiligen Effizienz entbunden. Was launige Chefs früher „Schlafplätze“ nannten, haben die Unternehmen nämlich längst wegrationalisiert. So dass draußen vor der Tür bereits genug Novizen auf den Arbeitsplatz potenzieller Burn-out-Kandidaten warten.

Einzig die schwer ersetzbaren, hochqualifizierten Fach- und Führungskräfte dürfen ab und an ein Sabbatical nehmen. Da die meisten von ihnen aber besonders stark motiviert sind, sei es durch ihre Aufgabe oder ihr Projekt, sei es durch Karriereaussichten oder üppige Gehälter, verzichten sie oft dankend. Der Krug geht dann eben so lange zum Brunnen, bis er bricht.

Statt also unverdrossen wider das Hauptlaster der Faulheit zu predigen, scheint es mir eher angebracht, öfter mal eine Lanze für die Muße zu brechen. So wie ich es bereits in meinem Buch *Das Hipp-Prinzip* getan habe – die kleine Werbeunterbrechung soll hier nur eine Wiederholungssendung vermeiden. Echte Muße hat nämlich mit Faulenzerei überhaupt nichts zu tun. Sie ist im Gegenteil Voraussetzung allen wirklich produktiven Schaffens.

Ganz etwas anderes ist es allerdings mit mutwilligem Schlendrian. Mit der ostentativen Zurschaustellung finanziell gesicherter Lizenzen zum Nichtstun. Mit den zahllosen heutigen Möglichkeiten, schlicht seine Zeit totzuschlagen, sich einem dauerhaft unproduktiven Wohlleben hinzugeben oder ausschließlich exquisite und sinnfreie Hobbys und Neigungen zu pflegen.

Da bin ich zum Schluss des Kapitels wieder beim Ausgangsthema. Wer auch nur ab und zu ein Gesellschaftsblatt aufschlägt oder eines der TV-Formate ansieht, die sich den „Schönen und Reichen" widmen, der wird schnell merken, dass die vorgestellten Exemplare, die von der Fortexistenz der Faulheit als echtem Laster zeugen, dieses nicht mit Hartz-IV-Bezügen, sondern aus üppigen Zinseinkünften subventionieren.

ERZIEHUNG BRAUCHT ZEIT

Wie die gute Kinderstube unter Zeit- und Leistungsdruck geriet

Der Totschlag an der S-Bahnhaltestelle München-Solln 2009, wo zwei junge Männer im Alter von 17 und 18 Jahren einen Mann zu Tode prügelten, der sich schützend vor andere Kinder gestellt hatte. Der Alptraum in Winnenden im selben Jahr, bei dem ein 17-jähriger Amokläufer 15 Menschen hinrichtete, bevor er sich selbst tötete. Oder die Prügelattacke im Berliner U-Bahnhof Friedrichstraße 2012, bei der ein 18-jähriger Gymnasiast einen Mann bewusstlos schlug und dann den Kopf seines Opfers mit Füßen malträtierte. Solche und andere Berichte über Gewaltexzesse und Gewaltverbrechen, die junge Menschen begangen haben, lehren uns immer wieder das Fürchten. Mitunter fieberhaft flammt dann der Vorwurf auf, dass Eltern und alle anderen, die Erziehungsverantwortung tragen, versagt haben.

Aufsehen erregen Kinder und Jugendliche offensichtlich immer dann, wenn sie außer Rand und Band oder auf die schiefe Bahn geraten sind. Geradezu regelmäßig machen Kinder, die mit Drogen dealen, in Wohnungen einbrechen oder aus Handtaschen Geld klauen, machen Halbwüchsige, die andere Kinder bedrohen oder sogar in den Tod treiben, machen Jugendbanden, die ganze Stadtteile tyrannisieren, in den Medien Schlagzeilen. Egal, ob *Die strengsten Eltern der Welt*, eine Doku-Soap-Serie, die Fernsehstaffel *Teenager außer Kontrolle* oder die aus Großbritannien übernommene Pseudo-Doku *Die Supernanny*: Nicht wenige Fernsehformate setzen auf reißerische Extremsituationen und erwecken den Eindruck, wir würden in einer Gesellschaft leben, die von jungen Kriminellen und kleinen Tyrannen buchstäblich dominiert wird. Vor allem *Die Supernanny* bescherte RTL viele Jahre hohe Einschaltquoten. Dennoch wurde die Erziehungssoap Ende 2011 eingestellt. Der öffentliche Druck war zu groß geworden. Bereits 2006 hatte der *SPIEGEL* kritisch angemerkt, dass das Format Voyeurismus, Schadenfreude und Besserwisserei des Publikums bedienen würde. Vollends ins Kreuzfeuer der Kritik geriet die Erziehungssoap, als bekannt wurde, dass Kinder vor laufender Kamera zur Schau gestellt und einzelne Episoden während der Dreharbeiten manipuliert wurden. Die Kommission für Jugendmedienschutz (KJM) verhängte 2010 sogar ein Bußgeld wegen Verletzung der Menschenwürde.

Sind unsere Kinder tatsächlich „kleine Tyrannen", wie der Titel des viel diskutierten Bestsellers von Michael Winterhoff suggerieren will? Oder liegt nicht vielmehr die Vermutung nahe, dass die Geschichten aus krawalligen Kinderstuben und tobenden Klassenzimmern, über pöbelnde Kindergartenkinder, gewalttätige Schüler, raubende Jugendgangs oder mobbende Teenager von den Medien vielfach mit dem Ziel aufgeheizt werden, Auflagen und Einschaltquoten zu steigern? „Affektfernsehen" nennen die Medienpsychologen das.

Was du in anderen entzünden willst, muss in dir selbst brennen.

AUGUSTINUS VON HIPPO

Dass die junge deutsche Generation in der Realität wenig Affinität zu Gewalt hat, belegte nicht zuletzt der UNICEF-Bericht *Zur Lage der Kinder in den Industrieländern 2013*, auf den ich sogleich noch ausführlicher zu sprechen komme. Auch die aktuelle Polizeiliche Kriminalstatistik aus dem Jahr 2012 zeigt auf, dass unsere Kinder und Jugendlichen immer seltener kriminell werden. Die Zahlen sind bei strafunmündigen Kindern unter 14 Jahren seit 2003 stark rückläufig. Bei Jugendlichen zwischen 14 bis unter 18 Jahren sinken sie seit 2001 kontinuierlich, und selbst die Jugendgewaltkriminalität, die 2008 noch stark angestiegen war, ging 2011 im Vergleich zum Vorjahr erneut überproportional zurück. Im Vergleich zu Erwachsenen sind die Straftaten, die Jugendliche begehen, weniger schwer. Sie umfassen insbesondere Ladendiebstahl, leichte Körperverletzung und Sachbeschädigung.

Auch wenn die Medien gerne einen anderen Eindruck vermitteln: Ungezügelte Kinder und Jugendliche sind Ausnahmen und nicht die Regel. Unzählige Kinder machen tagtäglich Mütter, Väter, Tanten, Großeltern, Lehrer oder Trainer stolz, weil sie einen Vorlese-Wettbewerb gewinnen, den Ball ins Tor pfeffern oder sich als Baby erstmals vom Rücken auf den Bauch kugeln können. Kinder forschen, musizieren, engagieren sich im Tierschutz. Gehen für die Oma einkaufen und leisten Geschwistern oder Kameraden Beistand. Sollten wir nicht öfter hierauf schauen, statt uns von medial aufgeheizten Ausreißern suggerieren zu lassen, dass Deutschland vornehmlich Problemkinder hat?

LEBENSSTANDARD UND LEBENSQUALITÄT SIND ZWEI PAAR SCHUHE

Am 10. April 2013 veröffentlichte UNICEF, das Kinderhilfswerk der Vereinten Nationen, die bereits erwähnte internationale Vergleichsstudie *Zur Lage der Kinder in den Industrieländern*, die ich besonders interessant finde, weil sie neben dem materiellen Wohlbefinden und Bereichen wie Gesundheit und Sicherheit, Bildung, Verhalten und Risiken, Wohnen und Umwelt erstmals auch das subjektive Wohlbefinden von Kindern analysiert. Befragt wurden dafür in 29 Ländern 176 000 Mädchen und Buben im Alter zwischen 11 und 15 Jahren. In Deutschland standen 5 000 Kinder Rede und Antwort.

Auf den ersten Blick können wir mit den Ergebnissen zufrieden sein. Objektiv betrachtet steht die junge deutsche Generation heute besser da als vor drei Jahren, als das Kinderhilfswerk 22 Länder durchleuchtet hatte. In vielen Bereichen haben sich die Lebensumstände deutlich verbessert. Nimmt man die Parameter materielles Wohlbefinden, Gesundheit und Sicherheit, Bildung, Verhalten und Risiken, Wohnen und Umwelt zusammen, dann belegt Deutschland aktuell hinter den Niederlanden und den skandinavischen Ländern Platz sechs. 2010 mussten wir uns noch mit dem achten Platz zufriedengeben.

Im Mittelfeld bewegen wir uns in den Bereichen Gesundheit/Sicherheit und Wohnen/Umwelt, und auch bei den materiellen Aspekten belegen wir vor Frankreich und Tschechien mit Rang 11 einen mittleren Platz. Für das relativ gute Abschneiden hauptsächlich verantwortlich ist die Rate der Kinderarmut, die im internationalen Vergleich mit rund zehn Prozent eher niedrig ist. Sehr viel schlechter stünden wir allerdings da, wenn die staatlichen Transferleistungen gekürzt oder eingespart würden.

Bemerkenswerte Schritte nach vorne hat unser Land bei der Bildung gemacht. Dass wir hier in die Spitzengruppe auf Platz drei vorgerückt sind, hat sicher auch mit dem PISA-Schock zu tun, in dessen Folge allerlei Anstrengungen unternommen wurden, unsere Sprösslinge besser auszubilden. Gute Noten gab es vor allem für das Leistungsniveau, das auf Verbesserungen beim Lesen, in Mathematik und den Naturwissenschaften schließen lässt, und dafür, dass das deutsche Bildungs- und Ausbildungssystem 96 Prozent aller Kinder und Jugendlichen unter 19 Jahren erfasst. Fortschritte wurden außerdem erzielt, wo es darum geht, Risiken für Kinder zu minimieren. Hier schnitten wir mit Platz sechs im Gesamtranking der 29 Länder ebenfalls relativ gut ab. Deutlich gesunken ist der Anteil der Jugendlichen, die rauchen. Ebenfalls rückläufig ist der Konsum von Alkohol und Cannabis.

Dafür tun sich ganz neue Problemfelder auf. Deutsche Mädchen und Buben sind heute häufiger übergewichtig, inzwischen leiden über 15 Prozent daran. Unsere Kinder essen nicht nur zu kalorienreich und unausgewogen, sie treiben außerdem auch viel zu wenig Sport. 80 Prozent bewegen sich weniger als eine Stunde täglich.

Erfreulich sind die Veränderungen beim Thema Gewalt. Mobbing unter Jugendlichen ist heute weniger verbreitet als noch vor drei Jahren, und ihre Gewaltbereitschaft ist ebenfalls niedrig. Diese stuft UNICEF sogar als vorbildlich ein. Hier schlägt zu Buche, dass die jungen Deutschen sehr viel seltener zu direkten körperlichen Auseinandersetzungen neigen als die Heranwachsenden in den anderen untersuchten Ländern. Allerdings ermittelte die Studie auch, dass die befragten deutschen Kinder über die Fakten anderes denken: Sie halten sich nämlich für gewaltbereiter, als sie es tatsächlich sind. Über die Ursachen, warum sich die Jugendlichen so einschätzen, sagt die Studie leider nichts aus. Für auffällig halte ich jedoch, dass die negativen Einschätzungen mit den medialen Inszenierungen von jugendlichen Gewalttätigkeiten korrespondieren. Berichte über Verhaltensauffälligkeiten von Jugendlichen scheinen inzwischen so übermächtig zu wirken, dass deren Wahrheitsgehalt nicht angezweifelt wird und die Jugendlichen selbst nicht mehr wirklich zwischen Selbst- und Fremdbild unterscheiden können.

So positiv sich die Ergebnisse der Studie bis hierher lesen lassen, so nachdenklich stimmen mich die Teile, in denen es darum geht, wie zufrieden unsere Mädchen und Buben mit ihrem Leben sind. Im deutlichen Kontrast zum Fazit der UNICEF-Studie, dass sie es mehrheitlich gut haben, steht nämlich das beklemmende Ergebnis, dass sich unsere Kinder weder in unserem Land, noch in ihrer Haut wohlfühlen. Nahezu jeder Siebte im Alter zwischen 11 und 15 Jahren ist mit sich und seiner Situation eher unzufrieden. Die relativ guten Lebensumstände spiegeln sich in der subjektiven Wahrnehmung der Kinder nicht wider. Im Gegenteil! Alles in allem stellt der Nachwuchs uns ein denkbar schlechtes Zeugnis aus. Während wir uns 2010 noch mit einem guten sechsten Rang zufriedengeben durften, stürzte Deutschland bei der Frage nach dem kindlichen Wohlbefinden seit der letzten Erhebung um ganze 16 Plätze auf Rang 22 ab. Das heißt, dass sich innerhalb von nur drei Jahren eine breite Kluft zwischen objektiv guten Lebensumständen und der subjektiven Lebenszufriedenheit von Kindern aufgetan hat. Doch dem nicht genug: In keinem anderen der untersuchten 29 Industrieländer fühlen Kinder diesen Widerspruch so stark wie bei uns.

> Wenn wir nicht wissen, woher wir kommen, wissen wir nicht, wohin wir gehen, weil wir nicht wissen, wo wir sind.
>
> OTTO VON HABSBURG

Obschon die UNICEF-Studie keine Ursachen dafür nennt, warum sich so viele Mädchen und Buben in unserem Land nicht wertgeschätzt und akzeptiert fühlen, steht zu vermuten, dass wir den Bedürfnissen und Interessen von Kindern und Jugendlichen zu wenig Rechnung tragen. Nach meinem Dafürhalten macht der Bericht auch deutlich, dass gute äußere Lebensbedingungen wie etwa Wohlstand, Bildung und Gesundheit nicht automatisch zu mehr Lebensqualität führen. Lebensstandard und Lebensqualität – im Sinne von Wohlergehen und Wohlfühlen – sind eben zwei Paar Schuhe. Hier andere Maßstäbe zu setzen, liegt offensichtlich an uns.

WARUM SIND UNSERE KINDER SO UNGLÜCKLICH?

Ob sich Kinder wohl- oder nicht wohlfühlen, ob sie traurig oder fröhlich sind, ob sie meinen, ein gutes Leben zu führen, oder ob sie sich ein anderes Leben wünschen – das hängt entscheidend von der Qualität der familiären Bindung ab, die den deutlichsten Einfluss auf die kindliche Befindlichkeit hat. Kinder wollen ernst genommen werden und in einem Klima aufwachsen, das von Liebe, Lob und Anerkennung geprägt ist. Dann empfinden sie ihr Leben als glücklich. Wo Heranwachsende hingegen vorrangig im Hinblick auf ihre Leistungsfähigkeit beurteilt werden, da kann sich ihr Alltag auch schnell als Alptraum entpuppen. Das gilt für das Elternhaus wie für die Schule. Eine positive Atmosphäre, freundliche und aufgeschlossene Lehrer sowie Erfolgserlebnisse und das Gefühl, den Herausforderungen gewachsen zu sein, tragen wesentlich dazu bei, dass es Kindern gut geht. Werden die Schule und das familiäre Umfeld dagegen als Quellen von Angst und Belastung erlebt, sieht die Glücksbilanz traurig aus.

Mit derartigen Gefahren beschäftigen sich Pädagogen, Wissenschaftler und Psychologen schon seit Langem. Gerade sensible Kinder spüren die Bedürfnisse, die an sie herangetragen werden und wollen es ihren Eltern recht machen. Selbst dann, wenn ihre ureigensten Wünsche und Gefühle zurückgestellt werden müssen. Besonders begabten Kindern, so befürchtete die Schweizer Autorin und Psychologin Alice Miller schon 1979, stünden in dieser Konstellation eigentlich nur zwei Möglichkeiten offen: Sie betreten das Labyrinth einer Depression oder sie schwingen sich auf zu genialer Grandiosität.

Dem pädagogischen Konsens, dass Kinder keinen Druck brauchen, sondern der Anerkennung und des Respekts bedürfen, stehen die enormen Anforderungen gegenüber, die heute in beinahe allen gesellschaftlichen Bereichen gestellt werden. Eltern, Arbeitgeber und Arbeitnehmer sind dagegen ebenso wenig gefeit wie unser Nachwuchs. Welcher Druck auf schmalen Schultern lastet, das lässt sich bereits an den großen, schweren Ranzen ablesen, die schon unsere Jüngsten morgens zur Schule und mittags wieder nach Hause tragen.

In unserer wettbewerbsorientierten Gesellschaft wollen alle – am besten jederzeit – unter den Besten sein. Infolgedessen steigt der Erwartungsdruck seitens der Eltern, den sie schon an die Allerkleinsten weitergeben: Englisch für Kleinkinder, Yoga in der Krippe, Schwimmkurse für Babys, Sprachkurse im Ausland, Ballett- und Gesangsunterricht. Unser Nachwuchs hetzt von der Geigenstunde zur Nachhilfe und abends zum Sportverein. Unbedachter Zeitvertreib, der für Kinder so wichtig ist, wird geahndet: Verbummele deine kostbare Zeit nicht! Aus Sorge um die Zukunftschancen setzen Eltern ihre Kinder immer stärker unter Leistungsdruck. Sie sollen Bestmarken im Sport erreichen, die bestmögliche Figur machen und natürlich die besten Noten schreiben.

Um den schulischen Erfolg haben Eltern sich zu Recht schon immer gekümmert. Neu – und nach meinem Dafürhalten bedenklich – daran ist, dass Schulerfolg heute ein Schlüsselbegriff der frühkindlichen Entwicklung ist. Damit Mädchen und Buben befähigt werden, das Abitur zu erreichen, fahren Eltern bereits in der Grundschule mit geballten Hilfsangeboten auf. Schätzungen zufolge bringen sie alljährlich zwischen einer und zwei Milliarden Euro allein für Nachhilfestunden auf. Als „Klassenkampf im Bildungssystem“ verspottet der Schweizer Kinderarzt und Autor Remo Largo den Förderwahn nicht ganz zu Unrecht.

Vor diesem Hintergrund wundert es mich nicht, dass unsere Kinder immer früher unter Stresssymptomen leiden. Druck überträgt sich. Manche Kinder reagieren darauf, indem sie an sich selbst immer höhere Ansprüche stellen. Andere wiederum fühlen sich als Versager oder leiden unter mangelndem Selbstbewusstsein. Vielfach halten Kinder dem Leistungsdruck gar nicht stand. Sie leiden unter fehlender Motivation oder haben Konzentrationsschwierigkeiten. Auch psychosomatische Störungen bis hin zur Depression nehmen bei Kindern zu, wofür nicht wenige Fachleute die Anforderungen des achtstufigen Gymnasiums (G8) und immer frühere Einschulungen verantwortlich machen. Das belegen auch die alarmierenden Ergebnisse einer repräsentativen Umfrage vom Deutschen Kinderschutzbund und dem Prosoz-Institut für Sozialforschung unter Grundschülern aus elf Bundesländern, die im November 2012 veröffentlicht wurden. Daran haben fast 4 700 Mädchen und Buben im Alter zwischen sieben und neun Jahren teilgenommen.

Berlin ausgenommen, steht in allen Bundesländern die Schule auf Platz eins der Stressliste. Jedes dritte Kind beklagt sich über zu hohe Anforderungen. Jedes fünfte Kind klagt über Ärger und Streit und nahezu jeder Sechste bekennt sich dazu, Stress mit den Eltern oder den Geschwistern zu haben. Einige Kinder fühlen sich von Hetze und Eile und andere wiederum dadurch überfordert, dass sie am Morgen zu früh aus den Federn müssen. Nahezu unglaublich, dass sich fast zwei Drittel der Kinder wünschen, öfter einfach einmal ausruhen zu können.

Vor diesem Hintergrund scheinen Forderungen berechtigt, den Schulbeginn auf eine spätere Uhrzeit zu legen. Längst haben Wissenschaftler den Nachweis erbracht, dass Kinder aufgeweckter und aufmerksamer sind, wenn der Unterricht etwas später beginnen würde. Neun bis neuneinhalb Stunden Schlaf sind für Kinder und Teenager optimal. Die Nachtruhe beeinflusst unser Gedächtnis und unsere Kompetenz, Probleme zu lösen. Wird die Nachtruhe gestört oder bekommen wir zu wenig Schlaf, steigt der Spiegel des Stresshormons Cortisol an. Das kann zu impulsivem Verhalten, mangelndem Einfühlungsvermögen oder Stimmungsschwankungen führen. Die Folgen sind bekannt: Lehrer beklagen sich über Schüler, die im Unterricht einschlafen; zudem sind Kinder, die nicht ausgeschlafen haben, reizbarer und launischer.

Der Grund dafür, warum doppelt so viele Drittklässler wie Zweitklässler in der Befragung ausgesagt haben, unter Druck zu leiden, lässt sich leicht ausmachen. In den meisten Bundesländern entscheiden die Leistungen in der vierten Klasse darüber, auf welche weiterführende Schule gewechselt werden kann. Warum wiederum lediglich Grundschüler aus Berlin angegeben haben, dass die Schule für sie nicht die Stressquelle Nummer Eins ist, überrascht mich ebenfalls wenig. Anders als in den anderen Bundesländern, aus denen Schüler befragt wurden, dauert die Grundschulzeit hier sechs Jahre.

Zu starker Druck erzeugt Gegendruck – und Ängste, die bekanntlich kein guter Berater sind. Gewiss wollen Eltern das Allerbeste für ihren Nachwuchs. Somit ist es natürlich mehr als verständlich, dass sie die Weichen für die Zukunft ihrer Sprösslinge bestmöglich stellen wollen. Wenn sich Kinder aber – wie in der obigen Umfrage – mehrheitlich wünschen, öfter einfach einmal ausruhen zu können, dann läuft nach meinem Dafürhalten in Schulen und Elternhäusern einiges schief. Nicht massives Fordern und Drillen, sondern kindgerechtes Fördern sollte die Maxime der Erziehung sein. Anerkennung, Motivation und Respekt sind dabei wichtige Schlüsselbegriffe.

Deshalb sind Eltern sicherlich gut beraten, wenn sie Begeisterung und Eigeninitiative wecken, statt Kinder unter Leistungsdruck zu setzen. Kinder brauchen das Gefühl, dass sie über Kompetenzen verfügen, die sich nicht in Bestnoten und Bestleistungen ablesen lassen. Sie wollen ermuntert und motiviert, nicht aber sklavisch angetrieben werden. Gewiss, hin und wieder brauchen sie auch etwas Nachdruck, um nicht immer nur „Party zu machen" oder ihre gesamte Freizeit in sozialen Netzwerken zu vertrödeln. Gelegentlich ist auch ein Machtwort angezeigt. Problematisch wird es aber immer dann, wenn Eltern fortwährend versuchen, mit Zwang das Bestmögliche aus ihren Kindern herauszuholen. Kinder brauchen Freiräume und die Freiheit, ihre Zeit selbst zu gestalten.

WAS HÄNSCHEN NICHT LERNT …

Seit dem schlechten Abschneiden deutscher Schüler bei den PISA-Tests, die erstmals im Jahr 2000 durchgeführt worden sind, ist unser Bildungssystem ein ebenso häufig wie heftig diskutiertes Thema – und zwar nicht allein unter Experten und in Kreisen der Politik. Auch große Teile der Bevölkerung, Eltern, Schüler und Studenten meinen, dass da vieles im Argen liegt. In ihren Augen lässt das Allgemeinwissen zu wünschen übrig. Sie halten die Bildungschancen für ungerecht verteilt und meinen, dass noch immer viel zu viele Jugendliche die Schule ohne regulären Abschluss verlassen. Seit Jahren tobt deshalb eine Reformwut, deren Ende zwar verschiedentlich angemahnt, aber nicht in Sicht ist. Dass Deutschland im internationalen Vergleich laut dem aktuellen UNICEF-Bericht inzwischen in die Bildungs-Spitzengruppe aufgestiegen ist, mag kaum darüber hinwegtäuschen, dass weiterhin zahlreiche Probleme zur Lösung anstehen. Lehrermangel oder überforderte Ausbilder, zu große Klassen, ein föderaler Wirrwarr und immer lauter werdende Kritik am mehrgleisigen Schulsystem oder zu frühen Einschulungen, markieren die Spitze eines Eisberges. Der dänische Familientherapeut Jesper Juul, der für sein jüngst erschienenes Buch deutsche Schulen unter die Lupe genommen hat, befürchtet sogar einen *Schulinfarkt.*

Sorge bereitet mir insbesondere die mangelhafte individuelle Förderung, für die ein Schul- und Ausbildungssystem verantwortlich zeichnet, das einseitig auf die Aneignung von beruflichen Fertigkeiten zielt. Statt persönliche Talente und Begabungen zu fördern, herrscht an Schulen und Universitäten das Diktat der beruflichen Qualifikation. Längst ist das Ziel nicht mehr eine Bildung im umfassenden Sinn, sondern eine auf bestimmte Berufe ausgerichtete Ausbildung. Reformen wie die Einführung der Bachelor- und Masterstudiengänge oder die Verkürzung der Gymnasialzeit zielen vor allem auf Effizienz. Es soll schneller und praxisnäher ausgebildet werden. Und es soll ein klarer Schnitt zwischen einem mehr auf Berufsqualifikation ausgerichteten Grundstudium und einem akademisch orientierten Aufbaustudium gemacht werden. Außerdem sollen Studiengänge und Studienabschlüsse international vergleichbarer werden.

Gerade mit Blick auf die Reformen an den Universitäten ist keines dieser Ziele grundverkehrt. Und doch erscheint mir deren Umsetzung bisweilen eher hektisch denn zielstrebig zu sein. Nach meinem Dafürhalten wird an manchen Punkten zudem inkonsequent verfahren. Etliche Probleme, seien es nun veraltete Lehrpläne oder überfrachtete Studienordnungen, werden nicht an der Wurzel angepackt. Wenn mehr über Formalien als über Inhalte und Ziele gesprochen wird, dann kann aus der sonntäglichen Weisheit, Bildung sei die wichtigste Investition in die Zukunft, keine Politik aus einem Guss werden. Schlimm ist in meinen Augen auch, wenn die Bildungsdiskussion vorschnell von Finanzierungsfragen beherrscht wird. Leider geschieht genau das im bundesdeutschen föderalen Dschungel besonders häufig. Die einen rufen dann gleich lautstark nach mehr Geld für die Bildung, während andere auf leere Kassen verweisen.

Die Studiengebühren in Bayern sind ja kürzlich wieder abgeschafft worden. Doch sollte es nicht in erster Linie darum gehen, wie viel die Bildung kostet und wie sie am besten und effizientesten organisiert werden kann. Die grundsätzliche Frage lautet doch vielmehr, was wir überhaupt unter Bildung verstehen. Und hier sollten wir uns – wie im Kapitel „Einer für alle, alle für einen" bereits dargelegt – weiterhin am humanistischen Bildungsideal orientieren. Wollen wir schnell veraltendes Wissen mundgerecht portioniert und in Rekordzeit verabreichen? Lediglich Fertigkeiten, aber keine Werte mehr vermitteln? Und damit am Ende Schmalspur-Experten ausbilden, die in einer schnelllebigen Arbeitswelt langfristig wenig Chancen haben? Oder wollen wir junge Menschen zu Persönlichkeiten mit gründlichem Allgemeinwissen heranreifen lassen, die neben Fachwissen vor allem über Methodenkompetenz verfügen, und die mit Selbstbewusstsein und gesellschaftlichem Verantwortungsgefühl ins Leben treten?

Zu einer ganzheitlichen Ausbildung gehören fraglos die musischen und künstlerischen Fächer. Bei meinen Studenten erlebe ich immer wieder, dass nur wenige in der Lage sind, zumindest passabel ein Instrument zu spielen oder kultiviert mit Farben umzugehen. Die wenigsten wissen, was die Sonatenform oder was eine Komplementärfarbe ist. Das ist bedauerlich. Und zwar nicht nur deshalb, weil Kunst und Musik die Freizeit sinnvoll bereichern und die Herzensbildung fördern. Kunst und Musik sind wichtig fürs Denken und die motorischen Fähigkeiten. Vereinfacht gesagt: Die Koordination zwischen Wahrnehmung, Bewegung und Denken funktioniert bei Musikern und bildenden Künstlern besser. Und sie können sich meist auch besser konzentrieren.

Die Beherrschung eines Instruments stellt ja nicht nur hohe Anforderungen an Gehör und Feinmotorik. Musiker müssen besonders schnell visuelle Informationen in Bewegung umsetzen können. Vom Lesen der Noten bis zum Spiel der Finger dürfen schließlich nur Sekundenbruchteile vergehen. Außerdem erfordert das Erlernen eines Instruments viel Geduld und hohe Frustrationstoleranz. Das hilft auch in anderen Lebensbereichen dabei, seine Ziele energisch zu verfolgen und mit Misserfolgen umgehen zu lernen. Es ist daher kein Kalauer, dass Kinder, die ein Instrument spielen, in der Schule im Schnitt die besseren Noten haben.

Ein Oboist, mit dem ich lange Zeit zusammen musiziert hatte, empfahl mir einmal einen Cellisten, der unbedingt bei uns ein Praktikum machen wollte. Dieser Mann ist heute Leiter unserer österreichischen Betriebe – ein unkonventioneller, kreativer Kopf, der Lösungen findet, wo andere nur Probleme sehen. Und ein Manager, der angesichts von Schwierigkeiten und Widerständen so gut wie nie aufgibt. Mit einem Wort: die perfekte Führungskraft. Es ist deshalb weit mehr als ein Ausdruck musischer Neigungen der Geschäftsleitung, wenn wir mit unseren Lehrlingen mindestens einmal pro Saison ins Museum, ins Theater oder in die Oper gehen.

SPIELEN VERBOTEN

Eine Erziehung, die Heranwachsende einseitig darauf trimmt, dass sie später beruflich erfolgreich sind, kann der Stein der Weisen nicht sein. Kinder fühlen sich überfordert. Immer weniger Freiräume bleiben ihnen, um sich kindgerecht zu entfalten. Wie viele Schüler verbringen wöchentlich über 40 Stunden mit Schule und Hausaufgaben? Sollte uns nicht erschrecken, dass der Nachwuchs bisweilen länger arbeitet als viele Erwachsene? Auch das Jugendschutzgesetz besagt, dass Jugendliche nicht länger als acht Stunden täglich beschäftigt werden dürfen.

Doch es sind nicht nur Zeit- und Leistungsdruck, die unseren Heranwachsenden zu schaffen machen. Sie sind bei uns leider nicht gerne gesehen. Im Hinblick auf Kinderfreundlichkeit punktet Deutschland bedauerlicherweise nicht. Bei einer Umfrage der Hamburger BAT-Stiftung für Zukunftsfragen, die im Januar 2013 bekannt wurde, bildete Deutschland unter den zehn befragten europäischen Ländern das Schlusslicht. Damit schnitten wir noch schlechter ab als bei der letzten repräsentativen Befragung dieser Art, die drei Jahre zuvor durchgeführt worden war. Lediglich jeder siebte Bundesbürger bezeichnet seine Heimat als kinderfreundlich, 2010 immerhin noch jeder Fünfte. Die Ansichten darüber, wie gut Deutschland es mit seinen Kindern meint, gehen auseinander. Landbewohner sehen das positiver als Großstädter. Auch die Lebenserfahrungen der Menschen spielen eine Rolle. Je älter die Befragten waren, desto deutlicher empfanden sie, dass Kinder heute wenig freundlich behandelt werden. Spielt hier der verklärende Blick auf die eigene Kindheit mit? Oder trifft es womöglich sogar zu, dass die Großeltern eine schönere Kinderzeit als ihre Enkel erlebt haben?

Ein kinderfreundliches Klima vermissen auch die Eltern. Generell wünschen sie sich eine größere Akzeptanz und Wertschätzung in der Öffentlichkeit. Sie bemängeln die teilweise engen Vorgaben im sozialen Umfeld und fühlen sich von Politik und Gesellschaft im Stich gelassen. Sei es in Restaurants und Cafés, im Wartezimmer bei Ärzten oder auf Behördenkorridoren – Kinder nerven, weil sie laut und quirlig sind. Nachbarn beschweren sich und so mancher Vermieter tut sich schwer damit, Kinder überhaupt zu tolerieren. Insbesondere kinderreiche Familien sehen sich heute regelrecht stigmatisiert.

Die Einstellung, die wir zu Kindern haben, spiegelt sich in der Geburtenrate wider, die in Deutschland seit den Siebzigerjahren rückläufig ist. Wo Kinder nicht erwünscht oder nicht gerne gesehen werden, tun sich Männer und Frauen mit ihrer Entscheidung für Nachwuchs naturgemäß schwer. Hausmeister, die bolzende Kinder aus dem Hinterhof jagen, oder Bürgerklagen gegen Kindergärten und Spielplätze, weil das Bedürfnis nach Ruhe hierzulande vor dem Kindeswohl rangiert, Verwaltungen, die Familien mit Kindern bei der Vergabe von Wohnungen diskriminieren – in Sachen Toleranz herrscht in Deutschland augenscheinlich Nachholbedarf.

Schlechte Rahmenbedingungen wie eine unzureichende Infrastruktur, die den Bedürfnissen von Familien und Kindern zu wenig gerecht wird, oder eine Arbeitswelt, die die

Interview mit
GUIDO KNOPP

Prof. Dr. Guido Knopp (*1948) ist Historiker, Filmemacher und Bestsellerautor (unter anderem *Der Erste Weltkrieg – Die Bilanz in Bildern*). Seine zeitgeschichtlichen Dokumentationen wurden vielfach preisgekrönt.

Seit der Antike ist die Erkenntnis überliefert: Die Jugend von heute hat keinen Benimm mehr. Ist es wirklich so schlimm um die Jugend bestellt?
Absolut nicht! Ich habe den subjektiven Eindruck, dass junge Menschen sich heute erheblich besser benehmen als zu meiner Zeit. Sie haben ein Interesse, sich gut zu kleiden und an gesellschaftlichen Anlässen teilzunehmen. Veranstaltungen wie beispielsweise Abiturbälle waren zu meiner Zeit verpönt. Heute finden viele junge Menschen wieder Gefallen an solchen gesellschaftlichen Konventionen. Das ist für mich durchaus auch ein sichtbarer Ausdruck einer respektvolleren inneren Haltung.

Durch Ihre Arbeit über den Holocaust, aber auch über Flucht und Vertreibung mussten Sie sich häufig mit den schrecklichsten Dingen beschäftigen, die Menschen anderen Menschen antun können. Hat das Ihren Blick auf den Umgang miteinander verändert?
Sicherlich ja. Die Beschäftigung mit Menschen in Ausnahmesituationen führt zu der Erkenntnis, dass in jedem Menschen das Gute wie das Böse gleichermaßen angelegt ist. Es sind die Umstände, die das jeweils Prägende einer Persönlichkeit hervorholen. Letztlich stecken Kain und Abel in jedem von uns. Das entschuldigt nichts, aber es mahnt jeden Einzelnen, sein Verhalten immer wieder zu überprüfen.

Oskar Lafontaine hat behauptet, mit Sekundärtugenden wie Fleiß, Pünktlichkeit, Zuverlässigkeit könne man auch ein Konzentrationslager betreiben. Würden Sie dem zustimmen?

Das ist sicher richtig – und doch kann man es so nicht sagen. Die sogenannten Sekundärtugenden reichen sicher nicht aus, um ein Konzentrationslager zu betreiben. Man braucht dazu auch eine seelische Verhärtung, einen Mangel an Empathie und die Bereitschaft zur Grausamkeit. Es wäre falsch, Dinge wie Benimm und Anstand auf ihren Nutzen für das Schlechte zu reduzieren. Sie sind immer nützlich, auch und gerade für das Gute: Sekundärtugenden wie Zuverlässigkeit, Höflichkeit und Korrektheit machen eine Gesellschaft lebenswerter, solange sie nicht Selbstzweck sind.

Wie hat sich nach Ihrer Beobachtung der Umgang der Menschen miteinander verändert?

Sätze wie „Solange du deine Füße unter meinen Tisch streckst, hast du zu tun, was ich sage“ hört man heutzutage von den meisten Eltern nicht mehr. Ich glaube, das Verhältnis der Generationen untereinander ist mittlerweile kameradschaftlicher als früher. Man geht entspannter und oft auch respektvoller miteinander um. Allgemein kann man sagen, dass der Einzelne heute mehr Möglichkeiten hat, sich selbst zu verändern. Das prägt auch den Umgang mit anderen. Gleichzeitig kann sich jeder konsequent selbst vereinsamen, insbesondere durch das Internet. Darin liegt eine große Gefahr für die Gesellschaft. Insgesamt lässt sich eine Tendenz zur Segmentierung und auch eine Individualisierung feststellen. Das trägt zwar zur Demokratisierung bei, birgt aber auch das Risiko der Gleichgültigkeit.

Entscheidung zwischen Kind und Karriere schwer macht, haben wesentlichen Anteil an dem Dilemma, dass seit Jahrzehnten in Deutschland viel zu wenig Kinder auf die Welt kommen. Zwar werden seit langem Anstrengungen unternommen, die Rahmenbedingungen für Familien zu verbessern, die Erfolge lassen jedoch auf sich warten.

Vielleicht sollten wir bisweilen vom Nachwuchs etwas weniger Pflichten einfordern und stattdessen mehr auf die Rechte von Kindern achten und ihre Interessen stärken. Dass sich die Heranwachsenden weder in ihrer Haut, noch in unserem Land wohlfühlen, hat wesentlich auch damit zu tun, dass sie sich übergangen und nicht wertgeschätzt und akzeptiert fühlen. Schenken wir unseren Sprösslingen genügend Zeit? Wie vielen Kindern wird häufig einfach nicht zugehört, und wie oft nehmen Erwachsene ihre Wünsche und Bedürfnisse nicht ernst? Hier wäre schlussendlich auch die Politik gefordert, deren Aufgabe es sein sollte, für mehr Kindergerechtigkeit und Kinderfreundlichkeit im Alltag zu sorgen.

Zwar existiert mit der UN-Konvention über die Rechte des Kindes seit 1989 ein weltweites Gesetz, das die Bundesrepublik Deutschland 1992 ebenfalls ratifizierte. Aber über die Verankerung der Kinderrechte im Grundgesetz wird weiterhin gestritten. Eine Verfassungsänderung übrigens, die andere Länder wie Spanien, Österreich oder Südafrika längst vollzogen haben. Einer Erziehung, die das Selbstbewusstsein und Verantwortungsgefühl stärken will, gereicht es sicherlich nicht zum Schaden, wenn die Beteiligungsrechte von Kindern und Jugendlichen ausgebaut werden. So existieren in einigen Städten und Schulen Kinder- und Jugendparlamente, in denen der Nachwuchs die wichtige Erfahrung macht, dass er eine Stimme hat, die zählt. Vereinzelt ist auch von Familien zu hören, in denen sich die Geschwister zu einer Kinderpartei zusammengeschlossen haben. Solche Initiativen sind nach meinem Dafürhalten durchaus begrüßenswert, stärken sie doch nicht nur den Heranwachsenden, sondern auch unserer Demokratie den Rücken.

Deshalb bin ich auch dafür, ein Wahlrecht für Kinder einzuführen, und zwar vom Tag der Geburt an. Bis die Kinder volljährig sind, könnte dieses Wahlrecht von den Erziehungsberechtigten ausgeübt werden. Ich bin davon überzeugt, dass 99 Prozent aller Menschen mit Nachwuchs ihre Stimmen in einer verantwortungsvollen Weise und im Interesse der Kinder einsetzen würden. Hätten Kinder indirekt das Wahlrecht, würden viele politische Entscheidungen sicherlich anders ausfallen. Dann nämlich hätten die Interessen von circa 13 Millionen minderjährigen Bundesbürgern Stimme und Gewicht. Gesetze würden kinderfreundlicher, und sie würden sicher besser für die Generationengerechtigkeit und eine langfristige Sicherung unserer Zukunft sorgen. Kinder können erben und sie sind beschränkt geschäftsfähig. Warum sollten sie nicht auch für ihre Interessen eintreten können beziehungsweise diese durch ihre Eltern vertreten lassen?

KEIN HERZ FÜR KINDER?

Obwohl es den Kindern hier mehrheitlich gut geht und die meisten Eltern das Beste für ihren Nachwuchs wollen, gibt es sie auch: Mädchen und Buben, die in Deutschland im Schatten stehen. Da sind welche, die auf der Straße hausen, andere, die in bitterer Armut leben, und wiederum solche, die körperlicher und seelischer Gewalt ausgesetzt sind. Werden diese Schicksale bekannt, dann reagiert die Öffentlichkeit vielfach fassungslos und das heißt in der Regel: hilf- und sprachlos. Wie oft hören wir beispielsweise davon, dass Passanten nicht eingeschritten sind, wenn Eltern ausrasten, oder dass Nachbarn von den Gewaltorgien in der Wohnung nebenan nichts mitbekommen haben wollen? Lehrer, Erzieher, Fachkräfte in Kindertageseinrichtungen oder Ärzte sprechen über das Leid, das ein vernachlässigtes oder misshandeltes Kind erfahren hat, zumeist erst dann, wenn die Polizei bereits eingeschritten ist. Und die staatlichen Einrichtungen und Behörden versagen bisweilen ebenfalls.

Zahlreiche Studien über die globale Verbreitung von unterschiedlichen Formen von Gewalt gegen Kinder belegen, dass Kinder, die keine Gewalt erfahren, weltweit nicht die Regel, sondern Ausnahmen sind. Auch bei uns sind aktenkundig gewordene Fälle wie Kevin aus Bremen, Lea-Sophie aus Schwerin oder Jasmin aus Speyer keine Einzeltaten. Jährlich werden in unserem Land rund 150 000 Kinder unter 15 Jahren gezüchtigt. UNICEF geht sogar davon aus, dass pro Woche zwei Kinder an den Folgen von Misshandlung und Vernachlässigung sterben. Rund 30 000 Kinder eines Jahrgangs wachsen in Hochrisikofamilien auf. Täglich werden 50 Kinder misshandelt oder sexuell missbraucht, das ist die erschreckende Bilanz einer Statistik des Bundeskriminalamtes, die im Mai 2012 vorgelegt wurde. Und die Dunkelziffer liegt viel höher.

In diesem Kontext dürfte viele überraschen, dass das Recht auf gewaltfreie Erziehung, das im Grundgesetz der Bundesrepublik verankert ist, eine relativ junge Errungenschaft ist. Tatsächlich waren Körperstrafen und andere Gewalteinwirkungen gegen Kinder als Mittel der Erziehung in der Bundesrepublik Deutschland bis 1998 gesetzlich legitimiert. Das Recht des Lehrherrn, Lehrlinge züchtigen zu dürfen, galt noch bis 1951. Als das Gleichberechtigungsgesetz für Frauen 1958 in Kraft trat, erhielten auch die Mütter das Züchtigungsrecht. Noch in den späten Sechzigerjahren meinten 85 Prozent aller westdeutschen Eltern, dass die Prügelstrafe durchaus eine angemessene Erziehungsmethode sei. Schulische Körperstrafen wurden umfassend erst 1973 verboten. Zwar wurde 1980 im Bürgerlichen Gesetzbuch der Passus „elterliche Gewalt" durch „elterliche Sorge" ersetzt und „entwürdigende Erziehungsmaßnahmen" verboten, aber Politik und Gerichte billigten den Eltern weiterhin eine „angemessene körperliche Züchtigung" aufgrund „herrschender sittlicher Auffassung" zu. Noch 1986 stufte der Bundesgerichtshof das Schlagen eines Kindes mit einem Wasserschlauch nicht als entwürdigende Erziehung ein.

1992 ratifizierte die Bundesrepublik die UN-Kinderrechtskonvention, womit auch der öffentliche Druck zunahm, Kinder besser vor Gewalt zu schützen. „Körperliche und seelische Misshandlungen" erklärte das Bürgerliche Gesetzbuch 1998 für unzulässig. Zwei Jahre später wurde das Recht auf gewaltfreie Erziehung im Bürgerlichen Gesetzbuch verankert. In der Neufassung des Paragrafen 1631 Absatz 2 heißt es: „Kinder haben ein Recht auf gewaltfreie Erziehung. Körperliche Bestrafungen, seelische Verletzungen und andere entwürdigende Maßnahmen sind unzulässig." Der Neufassung vorausgegangen war ein Jahrzehnte währender Streit. Das neue Kinderschutzgesetz schuf erstmals in der Geschichte der Bundesrepublik überhaupt die gesetzlichen Grundlagen dafür, Kinder besser vor Ver-

Eltern verzeihen ihren Kindern die Fehler am schwersten, die sie ihnen selbst anerzogen haben.

MARIE VON EBNER-ESCHENBACH

nachlässigung, Misshandlungen und sexueller Gewalt zu schützen. Verabschiedet wurde es erst im Januar 2012.

Inzwischen ist fest in den Köpfen verankert, dass Kinder keine Gewalt erfahren sollten. Jedenfalls propagieren heute laut Deutschem Kinderschutzbund 90 Prozent der Eltern eine gewaltfreie Erziehung. Die Hand rutscht ihnen dennoch aus – wenn auch mit schlechtem Gewissen. In der Forsa-Umfrage der Zeitschrift *Eltern*, die im März 2012 vorgestellt wurde, gaben 40 Prozent der Befragten an, ihren Kindern einen „Klaps auf den Po" zu geben. Zehn Prozent verteilen Ohrfeigen, zu harten Körperstrafen wie „Hinternversohlen" greifen noch vier Prozent. Immerhin scheinen Stockhiebe der Vergangenheit anzugehören. Hierzu sagten 100 Prozent, dass sie das niemals tun würden.

Während für den Aspekt der körperlichen Gewalt Zahlen und Fakten vorliegen, die freilich nur die Spitze des Eisberges markieren, ist über die seelischen Qualen, die Kinder vielfach erleiden, wenig bekannt. Aufgemerkt wird erst dann, wenn Medien in reißerischen Schlagzeilen über Kinder berichten, die in verdreckten Wohnungen ohne Essen, Betten oder Strom aufgefunden werden. Unter Vernachlässigung leiden sie aber auch dann, wenn ihre Bedürfnisse missachtet werden. Nur bemerkt das zumeist niemand: Säuglinge, die nicht fürsorglich behandelt werden, Babys, die zu wenig Zuwendung bekommen, oder Schulkinder, die keine ihrem Alter entsprechende Förderung erfahren. Im Zeitalter laut- und lichtstarker Medienpräsenz bleibt auch im Dunkeln, wenn Kinder hilflos oder verzweifelt sind, verbal erniedrigt, bedroht, manipuliert, beschimpft oder gar ausgelacht und verhöhnt werden. Dass die Folgen solcher Erfahrungen nicht selten verheerend sind, belegte 2009 eine Studie des McClean-Hospitals in den USA. Kinder, die häufig verbal erniedrigt werden, leiden unter denselben psychischen und physischen Folgeerscheinungen wie die Opfer von körperlicher Gewalt.

Mangelnde emotionale Zuwendung, insbesondere, wenn sie in den ersten Lebensjahren ausbleibt, äußert sich später häufig in Bindungsstörungen. Betroffene zeigen Lernbehinderungen und Leistungsschwächen. Es fehlt ihnen an Selbstvertrauen, dafür entwickeln sie ein ausgeprägtes Misstrauen gegenüber anderen und den eigenen Gefühlen. Experten haben dokumentiert, dass die körperliche, geistige und sozial-emotionale Entwicklung der Kinder zurückbleibt. Sie reagieren ängstlich und übervorsichtig – oder aber aggressiv.

Seelische Verarmung ist in unserer Gesellschaft weiter verbreitet als viele von uns annehmen. Eltern oder Sorgeberechtigte, die ihrem Nachwuchs Zuwendung, Liebe und Akzeptanz, Betreuung, Schutz und Förderung verweigern, sie womöglich sogar schlagen, sind zumeist hilflos. Sie handeln aus Überforderung und der Unfähigkeit heraus, adäquat auf die Bedürfnisse von Kindern einzugehen. Laut der Studie *Eltern unter Druck* der Konrad-Adenauer-Stiftung aus dem Jahr 2012 sind es vornehmlich die engagierten, modernen Eltern aus der Mittelschicht, die die tägliche Erziehungsarbeit zunehmend überfordert. Lebenskrisen wie finanzielle Nöte oder eine zerrüttete Partnerschaft erhöhen die Wahrscheinlichkeit, dass Erziehungsberechtigte sich nicht mehr angemessen um das Wohl ihres Nachwuchses kümmern.

ELTERN UNTER DRUCK

In der UN-Kinderrechtskonvention heißt es, dass zwar in erster Linie die Eltern – wohlgemerkt: beide Elternteile – für die Erziehung und Entwicklung des Kindes verantwortlich seien. Zugleich aber verpflichten sich die Vertragsstaaten, Eltern bei der Erfüllung ihrer Aufgaben zu unterstützen und für den Ausbau von Einrichtungen zur Kinderbetreuung zu sorgen. Soweit die Theorie, wie sie 1989 von der UN-Generalversammlung verabschiedet wurde. Doch wie sieht die Praxis aus? Sehen sich Eltern und Erziehungsberechtigte ausreichend durch familienpolitische Maßnahmen unterstützt? Wo machen sie Probleme aus und vor welchen Herausforderungen stehen sie?

Zwar haben Erziehungsberechtigte die gleiche Zielrichtung wie schon ihre Eltern und Großeltern: Sie wollen gute Väter und Mütter sein und für ihre Kinder das Beste. Allerdings sind die Erwartungen an eine erfolgreiche Elternschaft heute ungemein höher als noch vor 20 oder 30 Jahren. Und das nicht nur deshalb, weil der Alltag schwieriger und die globalisierte Welt komplexer geworden ist. In der Bredouille sind Eltern auch, weil ihnen von allen Seiten suggeriert wird, wie „richtige" Erziehung funktioniert. Ohne Ratgeber und Besserwisser geht nichts mehr. Kolumnen in Tageszeitungen, Tipps in Elternzeitschriften und Fernsehsendungen, gut gemeinte Belehrungen von Mitmenschen und immer wieder brandaktuelle Erziehungsbestseller versprechen Heil ohne Unterlass. Ob Ernährung, Gesundheit, Frühförderung, Medienkonsum, Schule oder die effektivste und förderlichste Freizeitaktivität – Eltern stehen heute unter einem enormen Druck.

Gab es vor 30 Jahren noch so etwas wie eine große Linie, scheint es heute eher so zu sein, als müsste Elternschaft täglich neu erfunden werden. Ständig müssen Mütter und Väter sich zwischen verschiedenen Erziehungsstilen neu entscheiden. Damit kommen nicht alle gut zurecht. Wo erwartet wird, dass Erziehungsberechtigte die besten Eltern der Welt sein sollten, entsteht Druck, der leicht zu einer Überforderung führen kann.

Auch Eltern haben Bedürfnisse. Neben ihrer Verantwortung für das kindliche Wohl haben sie den Anspruch, ihre eigene Individualität weiterzuentwickeln und gute Beziehungen zu pflegen. Dazu kommt der Druck, in einer Arbeitswelt funktionieren zu müssen, die von Arbeitnehmern 100 Prozent verlangt und keine klare Grenze mehr zwischen Familie und Arbeit zieht. Das, was Familien ausmacht, nämlich Geborgenheit, Sicherheit, Stabilität und Zuwendung, ist in Widerspruch zu einer Außenwelt geraten, die auf Flexibilität, Mobilität und Effizienz setzt. Der Spagat zwischen Anspruch und Wirklichkeit wird immer größer. Dazu tragen auch die gewandelten Rollenbilder bei. Zwar binden sich die sogenannten „neuen Väter" mittlerweile tatsächlich häufiger als früher in die Familienarbeit ein, wohl kollidiert ihr Selbstverständnis jedoch vielfach mit den realen Arbeitsbedingungen.

Trotz Reformbemühungen sind in Deutschland die gesellschaftspolitischen Rahmenbedingungen wenig geeignet, den Anspruch nach einer gleichermaßen zwischen den Geschlechtern geteilten Eltern- und Arbeitszeit zu verwirklichen. Den Löwenanteil bei der Kindererziehung tragen weiterhin die Frauen. Väter in Elternzeit sind trotz Bundeselterngeld- und Elternzeitgesetz, die seit Januar 2007 gelten, immer noch eine Seltenheit. Zwar nehmen mehr Männer ihren Rechtsanspruch wahr, die wenigsten bleiben aber länger als zwei Monate zu Hause.

Den Widerspruch zwischen Anspruch und Wirklichkeit erfahren Mütter noch ausgeprägter als Väter. Denn sie stehen nicht nur stärker im Spannungsfeld zwischen Alltagswirklichkeit und dem Bestreben, Familie und Beruf unter einen Hut zu bekommen. Sie werden zudem vom tradierten Leitbild einer „guten Mutter“ beeinflusst, die zu Hause bei den Kindern bleibt. Zwar hat sich die tief verankerte Anschauung inzwischen gelockert, dass Muttersein nicht mehr automatisch bedeutet, ein „Heimchen am Herd“ zu sein. Ein latent schlechtes Gewissen ist berufstätigen Müttern dennoch geblieben. In den alten Bundesländern, insbesondere in katholisch geprägten Landstrichen, ist das Leitbild sogar noch so wirksam, dass sich berufstätige Frauen im Zweifel eher gegen als für ein Kind entscheiden. Sie befürchten, schief angesehen zu werden, wenn sie sich ihrem Kind nicht voll und ganz widmen können. Doch auch andersherum kann ein Schuh daraus werden: Frauen, die sich aus Überzeugung für die Betreuung ihrer Kinder und gegen eine Berufstätigkeit entschieden haben, fühlen sich als „Nur-Hausfrauen“ wie Frauen zweiter Klasse.

Grundlegend verändert hat sich das Verhältnis zum Kind. Während Kinder früher als Altersversorgung, Mitverdiener oder Unterstützung im elterlichen Betrieb beziehungsweise Geschäft einen eher materiellen Wert für die Familie darstellten, verbinden wir heute mit dem Nachwuchs vornehmlich immaterielle Werte wie Sinngebung, Glück und Lebenserfüllung. Mit dem höheren Stellenwert geht einher, dass sich Frauen und Männer heute viel bewusster für Kinder entscheiden. Dabei legen sie hohe Maßstäbe an sich selbst an. So fragen sie sich, ob die Voraussetzungen für eine gelingende Elternschaft gegeben sind. Wenn das Kind Sinnstifter ist und mit seiner Entwicklung etwas schief läuft, plagen Eltern naturgemäß besonders heftige Selbstzweifel und Schuldgefühle.

> Glück entsteht oft durch Aufmerksamkeit in kleinen Dingen, Unglück oft durch die Vernachlässigung großer Dinge.
>
> WILHELM BUSCH

Einhergehend mit der gewandelten Eltern-Kind-Beziehung veränderten sich auch Klima und Interaktion innerhalb der Familie. An die Stelle einer autoritären Erziehung alter Prägung trat das partnerschaftliche Prinzip, das auf die kindlichen Interessen und Bedürfnisse Rücksicht nimmt, die im Einzelfall auch ausgehandelt werden. Die modernen Eltern wollen keine strikten Regeln mehr setzen, sondern erklären und überzeugen. Damit nehmen sie einen schwierigen Balanceakt in Kauf zwischen „Freiheiten lassen" und „Grenzen ziehen". Und genau dieser Wandel vom Befehlshaushalt zum Verhandlungshaushalt stellt sie immer wieder auf harte Proben. Kinder brauchen Grenzen, gewiss, aber diese zu setzen, ohne in ein autoritäres Gehabe zu verfallen, ist nicht immer leicht.

Nicht zuletzt sind es wirtschaftliche Gründe, die Eltern vor Probleme stellen, denn Kinder sind kostspielig. Das beginnt bereits vor der Geburt mit der Babyausstattung. Später treiben Sport- und Freizeitgestaltung sowie der Wunsch des Nachwuchses nach modischen (Marken-)Klamotten die Kosten in die Höhe. Heranwachsende wollen „haben" und mit anderen Gleichaltrigen mithalten. Und die Werbeindustrie dreht kräftig daran mit, Kinder zu beeinflussen und von klein auf an Produkte zu binden. Zunächst sind es gewisse Süßigkeiten im Quengelregal an der Supermarktkasse, dann folgen der Wunsch nach einem internetfähigen Smartphone und schließlich muss es der Schüleraustausch in den USA sein. Aus Sorge, dass der Nachwuchs im öffentlichen Bildungssystem nicht angemessen und wettbewerbstauglich gefördert wird, nehmen viele Erziehungsberechtigte die Ausbildung ihrer Kinder so früh wie möglich selbst in die Hand. Unterstützende Lernmaterialien und private Nachhilfestunden schlagen hier gehörig zu Buche. Schließlich soll es der Hoffnungsträger nicht nur besser *haben*, sondern es später auch besser *machen* als seine Eltern. Selbst das erste eigene Auto zum bestandenen Abitur markiert meist nicht das Ende der Kostenlawine. Bis zur Volljährigkeit, so ermittelte die ZDF-Dokumentation *Was kostet ein Kind?* im März 2013, müssen Erziehungsberechtigte pro Kind fast 117 000 Euro aufbringen.

Für so manche Familie ist das viel zu viel. Laut Deutschem Kinderschutzbund lebten 2012 in Deutschland über 2,5 Millionen Kinder in Einkommensarmut. Dies entspricht etwa 19,4 Prozent aller Personen unter 18 Jahren. Wenig Abhilfe konnte leider das Bildungs- und Teilhabepaket der Bundesregierung aus dem Jahr 2011 schaffen, welches Kindern mittels Gutscheinen etwa die Teilnahme an Lernförderungsprogrammen, am Schulmittagessen oder bei Klassenfahrten ermöglichen sollte. Unterstützung in Form von Naturalleistungen oder Gutscheinen sehe ich übrigens prinzipiell skeptisch. Denn erstens wirkt Zuteilung fast immer diskriminierend, und zweitens ist das Verfahren ausgesprochen kostspielig, da für die Beschaffung und Vergabe aufgeblähte Bürokratien entstehen müssen. Doch nicht nur die sogenannten bildungsfernen Schichten, die in prekären Verhältnissen leben, stehen unter finanziellem Druck. Inzwischen stöhnt auch die breite Mittelschicht unter den Mehrbelastungen. Ein einziges Einkommen reicht in der Regel nicht mehr aus, um mit Kind finanziell über die Runden zu kommen.

Dass die Familie die Keimzelle der Gesellschaft ist, ist leicht dahergesagt. Je höher die gesellschaftlichen Ansprüche an eine gelingende Erziehung und an eine gute, glückliche Kindheit aber sind, desto eher haben Eltern Probleme damit, den Erwartungen auch zu entsprechen. Experten schätzen, dass knapp ein Drittel aller Mütter und Väter mit der Kindererziehung überfordert sind. Zwei sozialwissenschaftliche Untersuchungen der Konrad-Adenauer-Stiftung, die 2008 und 2012 jeweils unter dem Titel *Eltern unter Druck* vorgelegt wurden, erbrachten ebenfalls den Nachweis, dass Eltern heute unter sehr viel komplexeren und höheren Ansprüchen leiden als noch deren Eltern und Großeltern. Erschreckend häufig werden sie von Selbstzweifeln geplagt. In ihrer subjektiven Sicht haben sie nur selten das Gefühl, eine gute Mutter oder ein guter Vater zu sein. Zwei Drittel der Befragten empfinden Erziehungsarbeit als anstrengend, knapp die Hälfte sagt aus, dass Erziehung in den letzten Jahren schwieriger geworden ist. Ein Drittel fühlt sich im Alltag oft bis täglich gestresst, immerhin noch die Hälfte meint, gelegentlich.

Modernen Eltern gelingt es immer weniger, den Ansprüchen zu entsprechen, die an sie gestellt werden. Zum einen, weil sie beruflich stark eingespannt sind oder weil sie nicht über die notwendigen finanziellen Ressourcen verfügen. Und schließlich bereitet ihnen auch die gesellschaftliche Neudefinition des Kindes als gleichberechtigter Partner Probleme, weil eine Elternschaft, die sich diesem Leitbild verpflichtet weiß, höchste Ansprüche an die Eltern selbst stellt. Hier hat sich offenbar ein Teufelskreis herausgebildet. Muss es uns nicht paradox erscheinen, wenn engagierte Eltern an eben den Ansprüchen verzweifeln, die sie zuvor für sich selbst deklariert haben?

MEHR ZEIT FÜR KINDER

Politische Sonntagsredner mit ihren beständigen Hinweisen, dass unserem Land Nachwuchs fehlt, düpieren Eltern. Zwar werden seit Jahren Anstrengungen unternommen, die strukturellen Rahmenbedingungen für Familien zu verbessern, Erfolge erkennen die meisten Eltern für sich persönlich jedoch nicht. Im Gegenteil. Sie sehen sich hohen Erwartungen ausgesetzt und gleichzeitig von Gesellschaft und Politik im Stich gelassen. In den bereits erwähnten Studien der Konrad-Adenauer-Stiftung sagen die Befragten mehrheitlich, dass Politik und Gesellschaft sie zu wenig unterstützen. Allseits mangelt es an Anerkennung, Wertschätzung und Beistand. Und vor allem machen Erziehungsberechtigte die Erfahrung, dass zwischen den verbalen Verlautbarungen, welch große Bedeutung Kinder für eine immer älter werdende Gesellschaft haben, und dem realen gesellschaftlichen Stellenwert, den Kinder und Familien besitzen, eine große Kluft besteht.

Gewiss können Politik und Unternehmen noch mehr tun, um die Situation für Eltern zu verbessern. Wenn die Kleinen mit drei oder vier Jahren in den Kindergarten gehen, muss selbstverständlich für jedes Kind ein Platz zur Verfügung stehen. Grundsätzlich sollte der Besuch des Kindergartens kostenlos sein. Allen Kindern vorschulische Förderung und Bildung anzubieten, halte ich nämlich für essenzieller, als ihnen später kostenlose Studienplätze zu gewährleisten. So würden Bildungschancen und Chancengleichheit besser garantiert.

Auch während der Schulzeit sollte es ausreichende Betreuungsmöglichkeiten geben. Ob das Ganztagsschulen oder außerschulische Einrichtungen leisten, entscheiden Behörden und Erziehungsberechtigte am besten vor Ort. Wichtig ist nach meinem Dafürhalten in diesem Zusammenhang, dass Kinder ausreichend Freizeit und Freiräume zum Spielen, für Hobbys und eigene Interessen erhalten – und all das muss nicht ständig in einer pädagogisch aufgerüsteten Umgebung stattfinden. In meinen Augen ist die Familie der beste Ort für junge Menschen. Deshalb kann ich es auch nicht befürworten, wenn der außerfamiliären Kinderbetreuung von Beginn an der Vorzug gegeben wird. Besonders in den ersten Jahren gehört das Kind zu den Eltern – und meiner persönlichen Meinung nach vor allem zur Mutter. Die elterliche Pflicht zu Sorge und Sorgfalt lässt sich nicht outsourcen. Zwar erleben wir es in Einzelfällen immer wieder, dass der Lebens- und Bildungsweg von Kindern durch das Elternhaus mit schweren Hypotheken belastet wird. Doch die Mehrzahl der Eltern kommt ihrem Erziehungsauftrag überaus verantwortungsvoll nach. Solange wir es daher nicht mit sträflicher Vernachlässigung oder gar Misshandlung von Kindern zu tun haben, ist das Recht auf ihre häusliche Erziehung nicht verhandelbar.

Dort, wo Alleinerziehende oder beide Elternteile arbeiten müssen, muss auch für die Betreuung von Kleinkindern gesorgt werden. Aber es ist mindestens genauso wichtig, immer wieder die besondere Rolle von Eltern und Familie für das Kind zu betonen – und gleichzeitig das Recht der Familie auf eine Existenz ohne ständige drückende Sorgen. Wo Väter oder Mütter so lange arbeiten müssen, dass sie ihre Kinder allenfalls spät abends oder an den Wochenenden zu Gesicht bekommen, da muss die Gesellschaft einspringen. Wo Familien aus eigener Kraft kein ausreichendes Einkommen erzielen können, da muss ihnen der Staat ausreichende wirtschaftliche Mittel zukommen lassen. Und damit auch genug Zeit, damit sich Eltern um ihren Nachwuchs kümmern können. Denn hier erbringen Erziehungsberechtigte eine großartige Leistung für die Zukunft unseres Landes, die in ange-

Wir müssen Kinder wieder Kinder sein lassen und ihnen realistische Anforderungen und Aufgaben mit Ziel geben.

MICHAEL WINTERHOFF

messener Form honoriert werden sollte. Es kann nicht angehen, dass Menschen sich gegen Nachwuchs entscheiden, weil sie Angst haben, sich keine Kinder leisten zu können.

Kindererziehung verlangt viele Opfer, sie erfordert Umwege und kostet Nerven. Und vor allem benötigt sie zwei Dinge, von denen unsere schnelllebige Arbeits- und Konsumwelt immer weniger übrig hat: Zeit und Stetigkeit. Eltern müssen und können nicht immer alles richtig machen. Sie dürfen Schwächen haben und sollten diese ihren Kindern auch zeigen. Sie können auch einmal ihre persönlichen Bedürfnisse in den Vordergrund stellen oder ein Machtwort sprechen. Aber sie sollten stets greifbar sein und ihre Liebe nie in Frage stellen, auch nicht in schwierigen Situationen. Kinder leiden, wenn sie im Leben ihrer Eltern nicht die Hauptrolle spielen.

„Erziehung ist Beispiel und Liebe", sagte einmal der große deutsche Pädagoge Friedrich Wilhelm August Fröbel. So gewiss Kinder sich Dritte zum Vorbild nehmen können, so gewiss können nur Eltern ihren Kindern im umfassenden Sinne ein Beispiel sein. Zunächst suchen Kinder immer die Bindung an ihre Eltern. Sie sind die ersten und wichtigsten Bezugspersonen, wenn es um Erfahrung, Können, Kreativität und um Verantwortungsgefühl geht. Und all das beginnt mit Herzensbildung, und die erfolgt zunächst einmal in der Familie. Eltern ebnen ihrem Nachwuchs den Weg ins Leben. Dabei geben sie, so gut es eben geht, alle Hilfsmittel weiter, die ihnen bekannt sind. Nämlich die, die sie selbst von ihren Eltern und Vorfahren bekommen haben, und jene, die sie durch eigene Lebenserfahrungen hinzugewonnen haben. Dies betrifft vornehmlich auch den Wertekanon. Von der Religion über die Einstellung zu Toleranz und Gerechtigkeit bis hin zu Anstand und Höflichkeit – hier sind Eltern für Kinder Vorbilder.

DAS HIMMELREICH AUF ERDEN

Wie viel schöner unser aller Leben wäre, wenn wir uns um bessere Umgangsformen bemühten

Dass es mit den guten Sitten ständig bergab gehe, zählt zu den ältesten Klagen der Menschheit – und damit wohl leider auch zu den langweiligsten. Wir können sie schon bei den vorsokratischen Philosophen oder bei Platon nachlesen. In der Bibel müssen wir nicht einmal bis Seite 10 blättern, um zur entsprechenden Urszene der jüdisch-christlichen Kultur zu gelangen. „Der Herr sah, dass auf der Erde die Schlechtigkeit des Menschen zunahm und dass alles Sinnen und Trachten seines Herzens immer nur böse war. Da reute es den Herrn, auf der Erde den Menschen gemacht zu haben, und es tat seinem Herzen weh." (1. Mose 6,5-6). Die Konsequenz des Herrn aus seiner reuigen Erkenntnis packte das Übel an der Wurzel: In einer 40-tägigen Sintflut vernichtete er, außer Noahs Familie und einem Paar aus jeder Tiergattung, alles Leben auf Erden. Dieser radikale Entschluss reute den Herrn dann aber seinerseits, und er „sprach bei sich: Ich will die Erde wegen des Menschen nicht noch einmal verfluchen; denn das Trachten des Menschen ist böse von Jugend an. Ich will künftig nicht mehr alles Lebendige vernichten, wie ich es getan habe." (1. Mose 8,21). Seitdem sind wir Menschen mit unserer Fähigkeit, uns zwischen Gut und Böse entscheiden zu können – sowie mit allen sich daraus ergebenden Konsequenzen – allein.

Alle Versuche, uns die Veranlagung zum Üblen, zu Hass, Missgunst, Selbstsucht sowie zu allerlei Lastern vollkommen auszutreiben, sind katastrophal misslungen. Wann immer im Laufe der Geschichte versucht wurde, „die Sünde" mit Stumpf und Stiel auszurotten, wann immer ein „neuer Mensch" geschaffen werden sollte, der sich mit Herz und Verstand und all seinen Kräften selbstlos in den Dienst seiner Mitmenschen oder „der Gesellschaft" stellt, endeten solche Projekte in Strömen von Blut. Ob wir die

Einhegung der dunklen Seiten unserer *conditio humana* daher Moral, Sitte, Anstand, Tugend, Gesetz oder anders nennen, unser Plan muss bescheidener ausfallen. Wer um jeden Preis das Gute erzwingen will, wird häufig erst recht dem Bösen gute Dienste erweisen.

Auf dem Wegweiser zur Straße des Anstands steht vielmehr eine ganz andere philosophische Verordnung: Γνῶθι σεαυτόν – Erkenne dich selbst! Nicht umsonst wurde sie erstmals an einem Tempel angebracht, dem Heiligtum des Apollon in Delphi, und zwar spätestens um die Mitte des 5. Jahrhunderts vor Christus. Der Sinn der Botschaft ist eindeutig: Anders als Gott (oder die Götter) sind wir nicht perfekt. Unsere Einsicht und unser Wissen sind begrenzt, unsere Erkenntnis wie unser Handeln fehlbar. Und wir haben alles Menschenmögliche erreicht, wenn wir erstens erkennen, dass das so ist; wenn wir zweitens bereit sind, uns unsere daraus folgenden Irrtümer und Fehler einzugestehen; und wenn wir drittens danach streben, unsere dunklen Triebe zu beherrschen.

Es ist nicht zu ändern: Wir sind bisweilen hochmütig. Wir überschätzen unseren Verstand oder irgendein anderes unserer Talente. Wir dünken uns etwas Besonderes, sei es aufgrund von Macht oder gesellschaftlicher Stellung, Besitz oder Leistung. Wir sind bestimmt nicht alle geizig – aber Geben ist uns nicht durchgängig seliger denn Nehmen. Wir messen uns gern an unseren Nächsten, statt uns mit dem zu bescheiden, was wir haben oder sind. Unsere leiblichen Bedürfnisse und Begierden streben immer wieder mal über das rechte Maß genügsamer Befriedigung hinaus. Es macht uns gelegentlich schlechte Laune, wenn wir nicht bekommen, was wir wollen, und wenn die Dinge nicht so laufen, wie wir uns das vorstellen. Und manchmal haben wir auch keine Lust, irgendetwas Sinnvolles zu tun – weder zum Zwecke unseres eigenen Fortkommens noch im Dienste unserer Nächsten. Mit einem Wort: Hochmut, Geiz, Neid, Wollust, Völlerei, Zorn und Faulheit sind ebenso menschlich wie Demut, Freigiebigkeit, Wohlwollen, Mäßigung, Freude und Strebsamkeit.

Was können wir tun? Wir können unsere Laster erkennen. Und wir können zumindest versuchen, sie zu beherrschen. Aber wir sollten auch unsere Tugenden nicht verleugnen, sondern sie trainieren. Der große Scholastiker Thomas von Aquin hat das auf eine geniale Formel gebracht: „Die Tugenden vollenden uns dazu, auf gebührende Weise unseren natürlichen Neigungen zu folgen."

Auch heute wird ja gern darüber lamentiert, dass Sitte und Anstand, gutes Benehmen und Stil im Niedergang seien. Wohl ist auch dieses Buch nicht völlig frei von solchen Klagen. Wer sich nicht bloß in die Schar übellauniger Kulturpessimisten einreihen will, sollte daher etwas mehr tun als nur erklären, dass früher alles besser war. Meist ist das ohnehin Einbildung. Fragen Sie einfach jeden, der das behauptet, wann denn dieses „früher" gewesen sei. Selbst wenn er mit einer Jahreszahl antworten sollte – ohne große Mühe werden sich im genannten Jahr Schriften finden lassen, die über den Niedergang von irgendwas jammern und behaupten, früher sei genau das besser gewesen.

> Menschen müssen sich einmal aneinander reiben. Höflichkeit aber ist das Fett, welches das Unangenehme des Reibens vermindert oder erleichtert.
>
> KARL JULIUS WEBER

Ich glaube, dass es früher nicht besser, aber anders war. Über Jahrhunderte haben die Menschen vor allem versucht, ein halbwegs gedeihliches Zusammenleben durch strenge Regeln und mithilfe unhinterfragbarer Autoritäten zu gewährleisten. Psychologen bezeichnen das als „extrinsische Verhaltenssteuerung". Seit Beginn der Aufklärung versuchen wir, die Kontrolle unseres Verhaltens selbst zu übernehmen. Anders gesagt: auf der Basis von Einsichten statt von Vorschriften zu handeln. Bekanntlich verfolgen wir dieses Projekt mit eher wechselndem und individuell sehr unterschiedlichem Erfolg. Doch rückgängig können wir die Umstellung von extrinsischer auf intrinsische Motivation unseres Tuns nicht mehr machen. Den Geist der Selbstbestimmung bekommen wir zum Glück nicht wieder in die Flasche zurück.

Damit aber werden auch sämtliche Fragen von Anstand, Benehmen und Stil zum Teil der Frage, wie ich leben und was ich im Leben erreichen möchte. Anstand ist keine Frage abstrakter Normen, gar kleinlicher Regeln, es ist ein Unterthema des großen Themas Selbstbestimmung.

Manche ziehen daraus den Schluss, Moral sei damit endgültig eine Frage der Mode geworden. Wie ich mich benähme, das sei ebenso eine Frage des persönlichen Habitus wie die Frage, was ich anziehe. Da gebe es zwar gewisse Trends, aber keine feste Kleiderordnung mehr. Der Frack als „Uniform der Gesittung" (Thomas Mann) habe allemal ausgedient. Und selbst dem gerade herrschenden Trend könne sich schließlich jeder verweigern. Ob ich also als Gentleman alter Schule, als nonchalanter Libertin oder als markiger Prolet gehe, müsse wohl oder übel als Entscheidung über die individuelle „Markenbildung" gelten. Der eine mag es halt klassisch konservativ, der zweite leger, der dritte schrill und provokant.

In Wahrheit ist es genau umgekehrt: Im selben Maße, in dem jeder einzelne Mensch frei und halbwegs autonom über den Sinn, den Weg und die Gestaltung seines Lebens entscheiden kann, bedarf die Regelung unseres Zusammenlebens erst recht klarer und verbindlicher Grundwerte. Einziger Unterschied: Wir folgen diesen Werten nicht mehr, weil jemand es uns vorschreibt, sondern weil wir ihren Sinn und ihre Notwendigkeit einsehen.

Zum zweiten braucht in einer freien und offenen Gesellschaft jeder Mensch eine Haltung. Damit sind nicht pampige Ich-Botschaften im Stil von „So bin ich halt!" oder „Das ist nun mal meine Meinung!" gemeint. Sondern eine klare Vorstellung davon, mithilfe welcher Maximen ich meine Lebensführung in einen „rechten Bezug zum Gemeinwohl" (Thomas von Aquin) setzen will.

Gemeinwohlorientierung bedeutet nicht, dass ich nicht meinen eigenen, wohlverstandenen Interessen folgen dürfte. So lange ich meinen Mitmenschen damit keinen Schaden zufüge, darf ich sogar meinen Schwächen nachgeben. Nur dass „Haltung" eben auch bedeutet, mich immer erst zu fragen, ob ich mein eigenes Glück durch dieses Vergnügen oder jenes Laster wirklich mehre. Und ob ich nicht den Zugriff anderer auf die entsprechenden Glücksgüter unnötig einschränke, ohne dass ich selbst durch die kurzfristige Befriedigung meiner Ansprüche langfristig glücklicher und zufriedener werde.

Anders gesagt: Ein Mensch mit Haltung fragt nach den Konsequenzen seines Handelns für sich und für andere – wenigstens nach jenen, die einigermaßen absehbar sind. Und er fragt sich, wie wohl sein eigenes Verhalten auf ihn wirken würde, wenn sein Gegenüber sich ebenso verhielte. Wohl machen wir von unserer Fähigkeit, uns selbst mit den Augen der anderen betrachten zu können, nicht immer in der wünschenswerten Weise Gebrauch. Aber wir sind zur Empathie befähigt. Und wir sind gut beraten, dieses Talent zu fördern. Dafür gibt es übrigens ein sehr schönes, altes deutsches Wort: Herzensbildung.

ANMERKUNGEN

„Grüß Gott, Herr Hipp“

S. 15/16: Arthur Schopenhauer, *Parerga und Paralipomena II*, Haffmans Verlag, Zürich 1988.

S. 16: Max Frisch, *Tagebuch 1966-71*, Suhrkamp Verlag, Frankfurt am Main 1979.

S. 17: Zitat von Arthur Schopenhauer, *Parerga und Paralipomena I*, Haffmans Verlag, Zürich 1988.

S. 24: Freiherr Adolph Franz Friedrich Ludwig von Knigge, *Über den Umgang mit Menschen, Schmidt Verlag*, Hannover 1788.

S. 24: Harro Zimmermann, *Adolph Freiherr Knigge. Neue Studien*, Edition Temmen, Bremen 1998.

S. 25: Karlheinz Graudenz (unter Mitarbeit von Erica Pappritz), *Das Buch der Etikette*, Perlen-Verlag, Marbach/Neckar 1956.

S. 25: Zitat von Hanns-Dietrich von Seydlitz, *Auszüge aus meinem Gehirn*, (Selbstverlag), Baden-Baden/Las Palmas 1980.

S. 29: Johann Wolfgang von Goethe, *Italienische Reise*, in: Erich Trunz (Hg.), *Goethes Werke. Hamburger Ausgabe*, Band 11, C.H. Beck, München 1981.

S. 30: Zitat von François de La Rochefoucauld, „Reflexionen oder Moralische Sentenzen und Maximen“, in: Fritz Schalk (Hg.), *Die französischen Moralisten*, Carl Schünemann Verlag, Bremen 1962.

S. 33: Dale Carnegie, *Wie man Freunde gewinnt: Die Kunst, beliebt und einflussreich zu werden*, Scherz Verlag, Bern/Wien/München 1938.

S. 35: Zitat von Georg Christoph Lichtenberg, „Sudelbücher“, in: Wolfgang Promies (Hg.), *Georg Christoph Lichtenberg, Schriften und Briefe*, Band 1, Hanser, München 1968.

S. 39: Zitat von Jean de la Bruyère, *Die Charaktere. Neue deutsche Ausgabe in zwei Bänden von Otto Flake*, Fourier Verlag, Wiesbaden 1979.

Verständnis als Schlüssel

S. 45: Zitat von Thomas von Aquin, *Sentenzen über Gott und die Welt, zusammengestellt, verdeutscht und eingeleitet von Josef Pieper*, Johannes Verlag, Einsiedeln 1987.

S. 48: Matthäus 7,1-2 und 12 in: *Einheitsübersetzung der Heiligen Schrift. DIE BIBEL. Gesamtausgabe. Psalmen und Neues Testament.*

Ökumenischer Text, hrsg. im Auftrag der Bischöfe Deutschlands, Österreichs, der Schweiz, des Bischofs von Luxemburg, des Bischofs von Lüttich, des Bischofs von Bozen-Brixen. Für die Psalmen und das Neue Testament auch im Auftrag des Rates der Evangelischen Kirche in Deutschland und der Deutschen Bibelgesellschaft (Evangelisches Bibelwerk), Katholische Bibelanstalt GmbH, Stuttgart 1980.

S. 48: Zitat von Hanns-Dietrich von Seydlitz, *Auszüge aus meinem Gehirn*, (Selbstverlag), Baden-Baden/Las Palmas 1980.

S. 53: Raimund Schmidt (Hg.), *Immanuel Kant. Kritik der reinen Vernunft*, Felix Meiner Verlag, Hamburg 1950.

S. 55: Thomas von Aquin (1225-1274), italienischer Philosoph und Theologe.

Neues aus der Gurkentruppe

S. 60: Zitat von William Gladstone (1809-1898), britischer Politiker.

S. 63 und S. 69: „'Scheiße', sagte die Kanzlerin", in: *WELT am SONNTAG*, 12.06.2011.

S. 64: Zitat von Marie von Ebner-Eschenbach, *Aphorismen*, Reclam, Ditzingen 1988.

S. 64: „Pofalla brüllte Bosbach dreimal an", in: *Bild*, 02.10.2011.

S. 68: Zitat von Hanns-Dietrich von Seydlitz, *Auszüge aus meinem Gehirn*, (Selbstverlag), Baden-Baden/Las Palmas 1980.

S. 75: Zitat von Georg Christoph Lichtenberg, „Sudelbücher", in: Wolfgang Promies (Hg.), *Georg Christoph Lichtenberg, Schriften und Briefe*, Band 1, Hanser, München 1968.

S. 79: Zitat von Seneca (Lucius Annaeus Seneca, ca. 1-65 n. Chr.), römischer Philosoph und Staatsmann.

Einer für alle, alle für einen

S. 92: Zitat von Robert Bosch (1861-1942), deutscher Ingenieur, Industrieller und Erfinder.

S. 97: Zitat von Werner von Siemens in: Heinrich von Pierer (u.a.), *Zwischen Profit und Moral: Für eine menschliche Wirtschaft*, Hanser, München 2003.

S. 97: Alexandre Dumas d. Ä, *Die drei Musketiere. Mit 233 Illustrationen zur französischen Erstausgabe 1852*, Moewig, München 1978.

S. 98: Johannes von Salisbury (Ioannis Saresberiensis), *Metalogicon*, hrsg. von John B. Hall, Brepols Verlag, Turnhout 1991.

S. 104: Interview mit Franz Müntefering in: *Bild am Sonntag*, 17.04.2005.

S. 106: Zitat von Hanns-Dietrich von Seydlitz, *Auszüge aus meinem Gehirn,* (Selbstverlag), Baden-Baden/Las Palmas 1980.
S. 110: Zitat von Johann Wolfgang von Goethe, *Noten und Abhandlungen zu besserem Verständnis des Westöstlichen Divans,* Hamburger Ausgabe, Band 2, hrsg. von Erich Trunz, C.H. Beck, München 1981.
S. 114: Zitat von Georg Christoph Lichtenberg, „Sudelbücher“, in: Wolfgang Promies (Hg.), *Georg Christoph Lichtenberg, Schriften und Briefe,* Band 1, Hanser, München 1968.

Vom Vorbild zur Karikatur

S. 117: Hans Hümmeler, *Helden und Heilige, Die Geschichte ihres wahren Lebens – Dargestellt für jeden Tag des Jahres,* Verlag Michaelsberg, Siegburg 1959.
S. 119: Zitat von Oscar Wilde (1854-1900), irischer Schriftsteller.
S. 123: Zitat von Friedrich Sieburg, *Die Lust am Untergang: Selbstgespräche auf Bundesebene,* rororo, Reinbek 1961.
S. 126: Zitat von François de La Rochefoucauld, „Reflexionen oder Moralische Sentenzen und Maximen“, in: Fritz Schalk (Hg.), *Die französischen Moralisten,* Carl Schünemann Verlag, Bremen 1962.
S. 128: Gert Ueding (Hg.), *Historisches Wörterbuch der Rhetorik,* Band 4, Niemeyer Verlag, Tübingen 1998.
S. 129: Matthäus 7,3 in: *Einheitsübersetzung der Heiligen Schrift. DIE BIBEL. Gesamtausgabe. Psalmen und Neues Testament. Ökumenischer Text,* hrsg. im Auftrag der Bischöfe Deutschlands, Österreichs, der Schweiz, des Bischofs von Luxemburg, des Bischofs von Lüttich, des Bischofs von Bozen-Brixen. Für die Psalmen und das Neue Testament auch im Auftrag des Rates der Evangelischen Kirche in Deutschland und der Deutschen Bibelgesellschaft (Evangelisches Bibelwerk), Katholische Bibelanstalt GmbH, Stuttgart 1980.
S. 130: Zitat von Mark Twain (1835-1910), amerikanischer Schriftsteller.
S. 137: Zitat von Edgar Watson Howe, *Ventures in Common Sense,* A. A. Knopf, New York 1919.
S. 139: Zitat von Karl Heinrich Waggerl, *Alles Wahre ist einfach. Ein Brevier,* Otto Müller Verlag, Salzburg 1979.
S. 145: Zitat von Hanns-Dietrich von Seydlitz, *Auszüge aus meinem Gehirn,* (Selbstverlag), Baden-Baden/Las Palmas 1980.

Erziehung braucht Zeit

S. 150: Zitat von Augustinus von Hippo in: Aurelius Augustinus, *Bekenntnisse. Aus dem Lateinischen von Wilhelm Thimme*, Artemis & Winkler, Düsseldorf/Zürich 1950.

S. 154: Zitat von Otto von Habsburg (1911-2011), österreichisch-deutscher Politiker, Schriftsteller und Publizist.

S. 157: Remo Largo, *Lernen geht anders. Bildung und Lernen vom Kind her denken*, Piper, München 2012.

S. 170: *Bürgerliches Gesetzbuch (BGB)*, dtv, München 1980/1998/2000.

S. 170: Zitat von Marie von Ebner-Eschenbach, *Aphorismen*, Reclam, Ditzingen 1988.

S. 175: Zitat von Wilhelm Busch, „Was beliebt ist auch erlaubt", in: ders., *Sämtliche Werke II*, hrsg. von Rolf Hochhuth, Bertelsmann, Gütersloh 1959.

S. 180: Zitat von Michael Winterhoff, *Warum unsere Kinder Tyrannen werden – Oder: Die Abschaffung der Kindheit*, Goldmann, Gütersloh 2009.

S. 181: Friedrich Wilhelm August Fröbel (1782-1852), deutscher Pädagoge und Begründer des „Kindergartens".

Das Himmelreich auf Erden

S. 183: 1. Mose 6,5-6 und 1. Mose 8,21 in: *Einheitsübersetzung der Heiligen Schrift. DIE BIBEL. Gesamtausgabe. Psalmen und Neues Testament. Ökumenischer Text*, hrsg. im Auftrag der Bischöfe Deutschlands, Österreichs, der Schweiz, des Bischofs von Luxemburg, des Bischofs von Lüttich, des Bischofs von Bozen-Brixen. Für die Psalmen und das Neue Testament auch im Auftrag des Rates der Evangelischen Kirche in Deutschland und der Deutschen Bibelgesellschaft (Evangelisches Bibelwerk), Katholische Bibelanstalt GmbH, Stuttgart 1980.

S. 185: Thomas von Aquin (1225-1274), italienischer Philosoph und Theologe.

S. 185: Zitat von Karl Julius Weber, *Demokritos, der lachende Philosoph*, Winkler Verlag, München 1966.

S. 186: Thomas Mann, *Der Tod in Venedig*, Verlag S. Fischer, Frankfurt am Main 1992.

S. 187: Thomas von Aquin (1225-1274), italienischer Philosoph und Theologe.

DER AUTOR

Prof. Dr. Claus Hipp, Jahrgang 1938, ist Geschäftsführer des Babykostherstellers HIPP und einer der erfolgreichsten Unternehmer Deutschlands. Der promovierte Jurist war u. a. Vizepräsident des Deutschen Industrie- und Handelskammertages sowie Präsident der Industrie- und Handelskammer für München und Oberbayern, deren Ehrenpräsident er heute ist. 2008 wurde er zum Honorarkonsul von Georgien für Bayern und Baden-Württemberg benannt. Als praktizierender Katholik setzt er sich für ethisch-ökologisches Handeln ein und hält Schirmherrschaften sowohl für kulturelle als auch für soziale Projekte wie u. a. die Münchner Tafel. Hipp ist Musiker und ausgebildeter Maler. Seit 2001 hat er eine Professur an der Kunstakademie Tiflis inne und lehrt zudem Betriebswirtschaftslehre an der staatlichen Universität Tiflis. Er ist Träger mehrerer nationaler und internationaler Auszeichnungen, mit denen er für seine Verdienste um Wirtschaft, Kunst und Umwelt geehrt wurde.

Mitarbeit: Enrik Lauer und Gesine von Prittwitz

IMPRESSUM

ISBN: 978-3-8338-3611-4

Projektleitung: Anne-Sophie Zähringer
Lektorat: Katharina Lisson
Umschlaggestaltung und Innenlayout:
Sabine Krohberger, ki 36 Editorial Design, München
Satz: KONTRASTE – Graphische Produktion, Björn Fremgen
Druck und Bindung: GGP Media GmbH, Pößneck
Illustrationen: Martin Stallmann

Bildnachweis:
Umschlagfoto Claus Hipp: HIPP GmbH & Co. Vertrieb KG; Interviewpartner: Gabriela von Habsburg (S. 27): privat; Kardinal Christoph Schönborn (S. 51): kathbild/rupprecht; Michael Opoczynski (S. 71): ZDF/Kerstin Bänsch; Martin Wehrle (S. 99): privat; Susanne Conrad (S. 131): ZDF/Kerstin Bänsch; Guido Knopp (S. 165): Lars Lembke/Thomas & Thomas

1. Auflage 2013
www.graefeundunzer-verlag.de

www.facebook.com/gu.verlag

GRÄFE UND UNZER

Ein Unternehmen der
GANSKE VERLAGSGRUPPE